Birte Heidbreder

Gütesiegel zur Einflussnahme auf die touristische Entwicklung einer Destination

Erfolgsanalyse des CST Costa Ricas für nachhaltigen Tourismus

Schriftenreihe der School of International Business
Internationaler Studiengang für Tourismusmanagement (ISTM)

Herausgegeben von Felix Bernhard Herle

Band 5

SCHRIFTENREIHE DER SCHOOL OF INTERNATIONAL BUSINESS

Internationaler Studiengang für Tourismusmanagement (ISTM)

Herausgegeben von Felix Bernhard Herle

ISSN 1863-9798

1 *Katharina Schirmbeck*
Markenbildung für Regionen
Dachmarkenkonzepte im deutschen Regionalmarketing
ISBN 3-89821-689-6

2 *Stefanie Kranawetter und Ivonne Mühlner*
Erfolgreiches Krisenmanagement für Reiseveranstalter
Ein Handbuch für plötzlich auftretende Krisen im Tourismus
ISBN 978-3-89821-835-1

3 *Angela Bergner*
Tourismus als Mittel zur Armutsminderung in Nepal
Das "Tourism for Rural Poverty Alleviation Programme" (TRPAP)
ISBN 978-3-89821-853-5

4 *Felix Bernhard Herle*
Strategische Planung grenzenloser Destinationen
Vertikale und branchenübergreifende Erweiterung Touristischer Regionen
ISBN 978-3-89821-908-2

5 *Birte Heidbreder*
Gütesiegel zur Einflussnahme auf die touristische Entwicklung einer Destination
Erfolgsanalyse des CST Costa Ricas für nachhaltigen Tourismus
ISBN 978-3-89821-986-0

Birte Heidbreder

GÜTESIEGEL ZUR EINFLUSSNAHME AUF DIE TOURISTISCHE ENTWICKLUNG EINER DESTINATION

Erfolgsanalyse des CST Costa Ricas für nachhaltigen Tourismus

Schriftenreihe der School of International Business
Internationaler Studiengang für Tourismusmanagement (ISTM)

Herausgegeben von Felix Bernhard Herle

Band 5

ibidem-Verlag
Stuttgart

Bibliografische Information der Deutschen Nationalbibliothek
Die Deutsche Nationalbibliothek verzeichnet diese Publikation in der Deutschen Nationalbibliografie; detaillierte bibliografische Daten sind im Internet über http://dnb.d-nb.de abrufbar.

Bibliographic information published by the Deutsche Nationalbibliothek
Die Deutsche Nationalbibliothek lists this publication in the Deutsche Nationalbibliografie; detailed bibliographic data are available in the Internet at http://dnb.d-nb.de.

∞

Gedruckt auf alterungsbeständigem, säurefreien Papier
Printed on acid-free paper

ISSN: 1863-9798

ISBN-10: 3-89821-986-0
ISBN-13: 978-3-89821-986-0

Printed in Germany

Vorwort

Die Hochschule Bremen ist bereits seit Jahrzehnten eine international sehr gut vernetzte und anerkannte große Fachhochschule in Deutschland. Stets galt sie als Vorreiterin für wesentliche innovative Entwicklungen. Mit der Verleihung des „Best Practice Award" des CHE, des „Marketingpreises" des DAAD und der Auszeichnung als „Reformhochschule" durch den Stifterverband ist dies angemessen und öffentlich gewürdigt worden.

Diese herausgehobene Stellung zu erhalten und weiter auszubauen ist natürlich eine wesentliche Triebfeder, sich Entwicklungen zeitgemäß anzupassen. Deshalb wurde in der Hochschule Bremen in den letzten Jahren eine Reihe tiefgreifender Veränderungen initiiert, angefangen bei der Umstellung auf das Bachelor-/Mastersystem über die Reformierung bestehender und die Einrichtung neuer Studienprogramme bis hin zur Reorganisation der 9 Fachbereiche und ihre Zusammenfassung zu 5 Fakultäten.

Bei all diesen Entwicklungsprozessen haben die Fachbereiche „Nautik und Internationale Wirtschaft/School of International Business (FB 6)" sowie „Wirtschaft (FB 9)" eine besondere Rolle in der Hochschule Bremen gespielt. Von Beginn an galt die Internationalisierung als das wesentliche Markenzeichen beider Fachbereiche. Seit März 2008 sind beide Fachbereiche zur Fakultät Wirtschaftswissenschaften fusioniert. Die Bezeichnung „School of International Business (SIB)" aus dem ehemaligen FB 6 wurde dabei auch für die neue Fakultät als bereits etablierter Markenname beibehalten, nicht zuletzt, um die besondere Bedeutung der Internationalität in der Fakultät zu unterstreichen.

Mit nunmehr über 3200 Studierenden prägt diese große Fakultät natürlich das Profil der Hochschule Bremen deutlich: Von den elf Bachelorstudiengängen und zehn Masterstudiengängen (davon drei als konsekutive Masterstudiengänge der Fakultät bzw. in Verbindung mit der Fakultät Gesellschaftswissenschaften) sind nahezu 90 % internationalisiert, zum großen Teil mit einem verpflichtenden Auslandsaufenthalt, einem erheblichen Anteil curricular verankerter englischsprachiger Lehrveranstaltungen, einer intensiven interkulturellen Vorbereitung auf Auslandsaufenthalte und einer multikulturellen Lehr- und Lernatmosphäre, die durch ca. 200 internationale Gaststudierende (Incomings) und viele Lehrende von internationalen Partnereinrichtungen geprägt ist. Die Fakultät unterhält ca. 80 Auslandskooperationen weltweit, die von ca. 500 Studierenden (Outgoings) für das Auslandsstudium/Auslandspraktikum genutzt werden.

Mit dem jährlichen SIB-Kongress bietet die Fakultät einer breiten Öffentlichkeit die Möglichkeit, sich intensiv mit den Leistungen der Fakultät vertraut zu machen und Studierende wie Lehrende kennen zu lernen.

In diesem Sinne ist auch der nun vorliegende neue Band der Schriftenreihe der School of International Business (in Kooperation mit dem ***ibidem***-Verlag) als Aufforderung zu verstehen, sich mit ausgewählten Beiträgen unserer Lehrenden und Absolventen auseinander zu setzen.

Ich wünsche unseren Leserinnen und Lesern viel Freude bei der Lektüre und bin sicher, dass Sie sich von der Qualität unserer Fakultät auch auf diesem Wege überzeugen können.

Prof. Dr. Dietwart Runte
Dekan der School of International Business/Fakultät Wirtschaftswissenschaften

Inhaltsübersicht

Inhaltsverzeichnis

Abbildungsverzeichnis

Abkürzungsverzeichnis

ARGE	Arbeitsgemeinschaft Lateinamerika e.V.
CST	Certificado para una Sostenibilidad Turística
ICT	Instituto Costaricense de Turismo
TQM	Total Quality Management

"Es ist zu bedauern, dass wir von Geistlichen im Gefolge [Johanns von Béthencourt], welche die Geschichte der Eroberung [der Kanaren] geschrieben haben, nicht mehr von den Sitten eines Volkes erfahren, bei dem so sonderbare Bräuche herrschten" (Humboldt zit. nach Starbatty, 1985, S. 19).

1 Einleitung

1.1 Ausgangslage/Problemstellung

Der Tourismus zählt aufgrund einer stetig steigenden Mobilität der Weltbevölkerung seit langem zu einem der wachstumsstärksten Märkte. So haben mittlerweile viele Länder und Regionen das wirtschaftliche Potenzial, das in einem Ausbau einer touristischen Infrastruktur steckt, für sich erkannt. Ständig strömen neue Destinationen auf den Markt, die dem Reiselustigen eine breite Auswahl an Möglichkeiten bieten. Dadurch, dass mehr Angebote existieren, als entsprechende Nachfrage, ist derzeit ein Kapazitätenüberschuss entstanden, der zu einer Käufermarktsituation geführt hat. So müssen die einzelnen Zielgebiete stark um ihre Besucher werben und sich intensiv von ihren Mitbewerbern abgrenzen. Das starke Wachstum führte im Laufe der Jahre jedoch auch zu vielen negativen sozialen und natürlichen Auswirkungen in den Zielgebieten, durch die teilweise die Ressourcen der touristischen Aktivität selbst zerstört wurden. Zusätzlich kam und kommt es auf der Welt immer wieder zu Naturkrisen, die das Bewusstsein der Menschen gegenüber ihrem Lebensraum geschärft haben. Aus dieser Situation entstanden die Suche nach alternativen, möglichst wenig schädigenden, naturnahen Reiseformen und zahlreiche Lösungsvorschläge, unter anderem den der Nachhaltigkeit im Tourismus. So entstanden für die Destinationen neue Möglichkeiten der Abgrenzung auf dem Markt als verantwortungsbewusstes Zielgebiet. Doch viele der Vorschläge sind umstritten, stellen keine tatsächliche Lösung dar oder sind für die Unternehmen wirtschaftlich weniger attraktiv, was eine tatsächliche Umsetzung in den Destinationen erschwert. Möchte sich eine Destination mit einem verantwortungsbewussten Reiseangebot auf dem Markt profilieren, muss sie also Instrumente finden eine entsprechende Entwicklung trotz dieser Schwierigkeiten zu erreichen. Neben Gesetzgebungen und verpflichtenden Richtlinien sind auch die Sensibilisierung und Motivation einerseits der touristischen Leistungsträger zu einer entsprechenden Umsetzung und andererseits der Reisenden selbst zu einem entsprechenden Verhalten, wirksame Instrumente zur Erreichung einer gewünschten touristischen Entwicklung. In diesem Zusammenhang sind Gütesiegelsysteme ein Instrument, um den Reisenden eine Orientierungsgrundlage für ihre Reiseentscheidung zu geben, den Leistungsträgern einen Anreiz zu schaffen verantwortungsbewusste Produkte anzubieten und damit um Einfluss auf die touristische Entwicklung zu nehmen. Auch Costa Rica hat sich, mit seinen zahlreichen natürlichen Ressourcen, erfolgreich als nachhaltige Naturdestination positioniert und möchte diese Entwicklung mit dem Gütesiegel CST unterstützen.

1.2 Zielsetzung

Durch den allgemeinen Trend nach naturnahen und aktiven touristischen Produkten einerseits und dem Wunsch nach Fernreisen andererseits hat sich Costa Rica sowohl bei Europäern, als auch bei Amerikanern zu einem sehr beliebten Reiseland entwickelt. Eine hohe Anzahl an Touristen erschwert jedoch die Einhaltung einer Nachhaltigkeit im Tourismus und damit die Umsetzung des Konzeptes der Nachhaltigkeit des Landes, macht sie aber auch umso notwendiger. Zur Förderung der nachhaltigen touristischen Entwicklung Costa Ricas hat die zentrale touristische Organisation des Landes, das Insituto Costarricense de Turismo, das ICT, vor ca. 10 Jahren das Gütesiegel Certificado para Sostenibilidad Turistical, das CST, ins Leben gerufen.

Doch bis heute weist das Siegel relativ wenige Teilnehmer und somit wenig Erfolg auf. Ziel dieser Arbeit soll es sein Gründe für diese Situation zu finden und Handlungsempfehlungen zu liefern, um den Erfolg und den Einfluss des Siegels auf die touristische Entwicklung des Landes zu steigern.

1.3 Methodik

Zu Beginn der Arbeit soll die Situation einer zentralen touristischen Organisation dargestellt werden und aufgezeigt werden, welche Möglichkeiten und Aufgaben sie hat. Besonders wird hierbei auf die Möglichkeiten der Einflussnahme auf das touristische Angebot bzw. die touristische Entwicklung und in diesem Zusammenhang auf Gütesiegel eingegangen. Da es sich im Falle des CST um ein Zertifikat für eine Nachhaltigkeit im Tourismus handelt wird im Teil 4 kurz das Konzept der Nachhaltigkeit im Tourismus dargestellt und die Nachfragesituation nach entsprechenden touristischen Produkten beschrieben, bevor konkret auf die Besonderheiten von Gütesiegeln für Nachhaltigkeit im Tourismus eingegangen wird. Im praktischen Teil soll zuerst die Beschreibung des Konzeptes und der touristischen Organisation ICT Aufschluss darüber geben, welche Ziele verfolgt werden. Nachdem die konkreten Inhalte des CST vorgestellt worden sind, soll dann die Auswertung der Expertengespräche, Stärken, Schwächen und Verbesserungsmöglichkeiten des Gütesiegels aufzeigen. Den Abschluss der Arbeit bilden die Handlungsempfehlungen für das ICT, um die Situation des CST zu verbessern.

2 Begriffsbestimmungen

Destination

Eine Destination ist ein Raum (Ort, Region, grosses [!] Hotel), den der Gast (oder ein Gästesegment) als Reiseziel wählt. Sie enthält sämtliche für einen Aufenthalt notwendigen Einrichtungen für Beherbergung, Verpflegung, Unterhaltung/Beschäftigung. Sie ist damit das eigentliche Produkt und die Wettbewerbseinheit. Sie muss als solche strategisch geführt werden (Bieger, 2005, S.357).

Destinationsmarketing

Destinationsmarketing ist Marketing für eine Destination (einen Ort, eine Region, ein Land). Destinationsmarketing setzt eine Zusammenarbeit aller touristischen Partner der Destination voraus (Bieger, 2005, S. 357).

Differenzierung

Eine Differenzierung ist eine Abgrenzung des Angebotes gegenüber der Konkurrenz durch spezifische Eigenschaften (unique selling proposition), ein spezielles Marketing (unique maketing proposition) oder den Preis. Eine sorgfältige Differenzierung wird mit dem immer grösser [!] werdenden Angebot eine unabdingbare Voraussetzung, um auf dem Markt vom Konsumenten wahrgenommen zu werden (Bieger, 2005, S.357).

Qualitätszeichen im Tourismus

Qualitätszeichen im Tourismus versprechen eine touristische Leistung auf einem bestimmten Leistungsniveau bzw. mit einer bestimmten Güte. Dieses Versprechen ist in der Regel für die Kunden/Touristen bestimmt und wird zumeist von einer externen Organisation garantiert, die möglichst objektive Maßstäbe anlegt (Freyer, 2004, S. 73).

2 Begriffsbestimmungen

Image

Das Image ist das Bild, das sich eine Person, ein Gast oder eine Gruppe von einem Objekt, einem Produkt, einem Land etc. macht. Ein Image setzt sich aus objektivem Wissen und subjektiven Emotionen zusammen. Ein Image kann vom Unternehmen/von der Destination nur indirekt beeinflusst werden und wird von der Wahrnehmung des Gastes geprägt (Bieger, 2005, S. 358).

Innovation

Im engsten Sinne objektiv erstmalige Einführung eines neuen Produkts am Markt oder eines neuen Produktionsprozesses. Damit wird die wirtschaftliche Wirkung des technischen Fortschritts eingeleitet (Dichtel, 1993, S. 994).

Leistungsträger

Hiermit sind alle Anbieter von touristischen Produkten und Dienstleistungen gemeint, die dem Gast im Zielgebiet offeriert und von ihm konsumiert werden. Dazu zählen Hotels, Busgesellschaften, Restaurants, Flug- und Schiffahrtsgesellschaften [!], ein großer Teil des Groß- und Einzelhandels genauso wie Reiseleiter, Entertainer oder Souvenirhersteller (Winkelmann, 1998, S. 631).

Marketing

In der klassischen Interpretation bedeutet Marketing die Planung, Koordination und Kontrolle aller auf die aktuellen und potenziellen Märkte ausgerichteten Unternehmensaktivitäten. Durch eine dauerhafte Befriedigung der Kundenbedürfnisse sollen die Unternehmensziele verwirklicht werden (Meffert, 2000, S. 8).

Marktsegment

Marktsegmente sind Abnehmergruppen, die sich von anderen durch ihre Bedürfnisse und/oder ihre Reaktion auf den Einsatz von Marketinginstrumenten unterscheiden. Segmentierungskriterien, die beim heutigen Konsumverhalten greifen sind: Werthaltung (Psychographie), Motive (Neigungselemente), Lebensphasen. Klassische Segmentierungskriterien sind geographisch (z.B. Länder) oder soziodemographisch (z.B. Alter etc.) (Bieger, 2005, S. 360).

Nachhaltiger Tourismus

Sustainable tourism is not just limited to areas of ecological significance, but actively aims to reduce negative impacts in a holistic way, in urban, rural, and wilderness areas. Issues confronted include economic viability, socio-cultural sensitivity, and environmental sustainability, at destinations of natural and cultural significance, in both mass tourism and the various niche tourism segments. Sustainable tourism not only examines and responds to the needs of the present, but how current actions will also reduce negative impacts in the long term (Rainforest. o.J.a)

Positionierung

Eine Positionierung gibt an, auf welchen Zielmarkt ein Unternehmen/eine Region sich ausrichtet und mit welchen Eigenschaften es sein Produkt auszeichnet, um sich von der Konkurrenz zu differenzieren. Im Tourismus mit der immer grösseren [!] Angleichung der physischen Eigenschaften der Produkte eignet sich speziell eine Differenzierung durch einen Life Style (Bieger, 2005, S. 361).

Tourismus

Der Tourismus ist die Gesamtheit der Beziehungen und Erscheinungen, die sich aus dem Reisen und dem Aufenthalt von Personen ausserhalb [!] ihres normalen Arbeits- und Wohnorts ergeben (Bieger, 2005, S. 363).

Tourismusorganisation

Die touristische Organisation einer Destination bezeichnet die aufbau- und ablauforganisatorischen Systeme (inkl. Informations- und Kontrollsysteme) einer Destination. Sie umfasst insbesondere Aussagen, wie die kooperativen Aufgaben im Tourismus bewältigt werden sollen und wie die verschiedenen Träger des Tourismus miteinander zusammenarbeiten sollen.
Die kooperative Tourismusorganisation ist der hauptsächliche Träger der übergreifend und kooperativ zu erbringenden Funktionen im Tourismus einer Destination (z.B. Marketing, Interessenvertretung, Angebotsgestaltung, strategische Planung). Die Tourismusorganisation kann öffentlich oder privatrechtlich organisiert werden.
Das Tourismusbüro wird geleitet durch den Tourismusdirektor der Destination und ist die Geschäftsstelle, gewissermassen [!] der Produktionsbetrieb der Tourismusorganisation, der die kooperativen Aufgaben für die Destination erfüllt (Bieger, 2005, S. 363).

Touristisches Produkt

Ein touristisches Produkt ist ein Bündel von einzelnen touristischen Angeboten, die zusammen erst einen Aufenthalt oder eine Reise ermöglichen und deshalb erst im Verbund Bedürfnisse beim Konsumenten befriedigen können resp. zu einem Nutzen führen können (Bieger, 2005, S. 364).

Reiseveranstalter

Reiseveranstalter ist im Sinne des Reisevertragsgesetztes derjenige, der für den Reisenden eigene Leistungen erbringt und sich dazu der sog. Leistungsträger als Erfüllungsgehilfen bedient. Als Pauschalreise gilt ein Arrangement aus mindestens zwei Hauptleistungen. (Althof, 2000, S. 83)

Wettbewerbsfähigkeit

Wettbewerbsfähigkeit ist die Fähigkeit, im Wettbewerb am Markt genügend Leistungen zu einem guten Preis absetzen zu können und damit ausreichende Wertschöpfung zu erzielen (Bieger, 2005, S. 365).

Wettbewerbsvorteile

Wettbewerbsvorteile sind innerhalb der Konkurrenz einmalige Stärken, die im Konsumtrend liegen und dem Produkt /der Unternehmung/der Region in Zukunft im Wettbewerb einen besonderen Vorteil ermöglichen (Bieger, 2005, S. 365).

3 Ziele und Grundsätze für das Destinationsmanagement

Der folgende Teil der Arbeit soll aufzeigen, welche Rahmenbedingungen die Verwaltung einer Destination mit sich bringt, nach welchen Prinzipien sie verlaufen sollte, wieso ein Destinationsmanagement überhaupt notwendig ist und warum dieses Einfluss auf die Angebotsgestaltung nehmen sollte. Einleitend und ergänzend zu der vorherigen Bestimmung des Begriffs Destination soll die folgende Abbildung zeigen, dass es zahlreiche verschiedene Wahrnehmungen von Destinationen gibt.

Abb.: 1 Destination in der Wahrnehmung des Reisenden

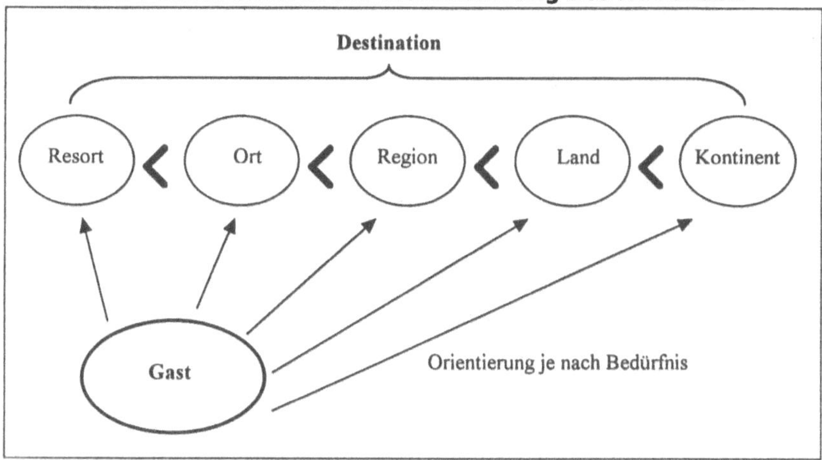

Quelle: Bieger, 2000, S. 75

Je nach Nähe des Betrachters bzw. des Reisenden zum jeweiligen Zielgebiet wird es verschieden eingegrenzt bzw. wahrgenommen. So kann sowohl eine Stadt, als auch eine Region oder ein Land als Zielgebiet angesehen werden.

3.1 Besonderheiten des Destinationsmanagements

Der grundlegende Unterschied im Management von Destinationen im Vergleich zu dem eines klassischen Unternehmens beginnt schon mit der Beschaffenheit des zu verwaltenden und zu vermarktenden touristischen Produktes.

Das touristische Produkt ist eine abstrakte Leistung, kein materielles Konsumgut, da es erst durch das notwendige, vielfältige Zusammenspiel von Zeit, Raum und Mensch entsteht. Es resultieren besondere Herausforderungen an das produzierende Unternehmen, da sich der Endverbraucher frühestens mit Beginn der Reise von der Qualität und dem Nutzen des Produktes überzeugen kann. So müssen innerhalb des Destinationsmanagements Mittel gefunden werden, die bei den potenziellen Besuchern bereits bei der Buchung ein spezielles Vertrauen gegenüber dem Produkt hervorrufen.

Touristische Leistungen und damit das Produkt werden direkt am Konsumenten erbracht. Dies und die überwiegende Immaterialität des Produktes führen zu der Tatsache, dass das Produkt nicht lagerungsfähig ist. Viele Teilleistungen müssen deswegen so produziert und verwaltet werden, dass sie möglichst flexibel, auf Nachfrage, abrufbar sind. Ein zielgerichtetes Marketing ist im Destinationsmanagement somit von hoher Bedeutung, um eine optimale Auslastung der verfügbaren Kapazitäten zu fördern (Vgl. Bieger, 2000, S. 35).

Auf dieser Grundlage stellt Bieger eine weitere wichtige Besonderheit für die Verwaltung des touristischen Produktes heraus. Das Servicepersonal, das Verhalten und die realistische bzw. unrealistische Erwartungshaltung der Endverbraucher sowie daraus entstehende zwischenmenschliche Aspekte beeinflussen den Erfolg und die Kundenzufriedenheit des Produktes beachtlich. Das Produktmanagement muss also um diese, am wenigsten im Vorfeld beeinflussbaren, Faktoren besonders bemüht sein und sowohl dem Service, als auch dem Endverbraucher ein möglichst hohes Maß an Informationen zur Verfügung stellen, um Erwartungen und Realitäten einander anzupassen.

Das touristische Produkt ist von einem bestimmten Ort abgeleitet und stellt somit eine räumlich definierte Leistung dar. Der Kunde muss zum Produkt kommen und nicht das Produkt zum Kunden. Dies stellt höhere Herausforderungen an das Management von Destinationen, als an das Management von herkömmlichen Produkten. Außerdem ist das Produkt bei Innovationen und Entwicklungen an die Gegebenheiten des Ortes gebunden und muss mit den vorhandenen Ressourcen arbeiten, neue können nur in Form von künstlichen Welten entstehen.

Darüber hinaus ist das touristische Produkt ein Leistungsbündel aus verschiedenen Einzelleistungen von verschiedenen Anbietern. So ergibt sich die Notwendigkeit der Koordination der Teilleistungen, um ein Gesamtprodukt zu erzeugen und eine einheitliche Planung und Vermarktung zu garantieren. Unter diesen Einzelleistungen befinden sich auch solche, die zwar Kosten, aber keine eigenen Einnahmen erzeugen können. Da niemand von ihrer Nutzung ausgeschlossen werden kann, wie zum Beispiel die Informationsdienstleistung, die das jeweilige Fremdenverkehrsbüro offeriert oder die Instandhaltung der touristischen Infrastruktur, können hierfür keine Entgelte verlangt werden. Da diese Leistungen nicht über den Preismechanismus bzw. über den Gewinn zu steuern sind, werden diese Teilleistungen nicht privatwirtschaftlich angeboten und müssen öffentlich von einer kooperativen Organisation, also im Rahmen des Destinationsmanagement erbracht werden. Augrund dieser Besonderheiten des touristischen Produktes ergeben sich die außergewöhnliche Funktion und die Notwendigkeit eines Destinationsmanagement als verbindendes Element zwischen den einzelnen Teilleistungen (Vgl. Bieger, 2000, S. 107).

Im Management von Zielgebieten ist es jedoch nicht selbstverständlich, wer für diese Führung und die damit verbundene Koordination des Produktes Destination zuständig ist. Sowohl die Gemeinde, oder eine lokale Tourismusorganisation bzw. der Fremdenverkehrsverein, als auch privatwirtschaftliche, vor Ort ansässige, zentrale touristische Unternehmen, wie z.B. ein einflussreicher Anbieter von Tagesausflügen in die Umgebung, können diese leitende Rolle übernehmen. Aufgrund des Themas

dieser Arbeit und der Tatsache, dass dies in Costa Rica der aktuellen Situation entspricht, wird im Folgenden davon ausgegangen, dass sich eine lokale Tourismusorganisation in der koordinierenden Position befindet.
Aus der übergeordneten Rolle heraus, in der sich eine zentrale Tourismusorganisation befindet, trägt sie die Verantwortung für die ganze Destination und darf gleichzeitig ihre eigene wirtschaftliche Situation nicht aus den Augen verlieren. Diese doppelte Verantwortung hat zur Folge, dass sie sowohl das Umfeld des Unternehmens, als auch das Umfeld der gesamten Destination überwachen und analysieren muss. Das Management einer Destination muss sowohl das eigene Unternehmen führen, als auch die kooperativen Aufgaben für alle Mitglieder ausführen. Essenziell für die Erfüllung dieser Aufgaben ist die Kooperationsbereitschaft der einzelnen Leistungsträger. Um diese nicht zu gefährden, keine Konflikte zu erzeugen und damit evtl. ihren Zweck nicht mehr erfüllen zu können, darf die ansässige Tourismusorganisation nicht mit ihren Mitgliedern in Konkurrenz treten und so keine eigenen gewinnbringenden Leistungen anbieten. "Im Gegenteil, erwirtschaftet sie über lange Zeit einen unternehmerischen Gewinn, so kommt sie ihrer Funktion für die Destination zu wenig nach, indem sie Mittel, die für die Destination zur Verfügung stehen würden, nicht einsetzt" (Bieger, 2000, S. 108). So kann der Erfolg einer solchen Non Profit Organisation nur daran erkannt werden, in wie weit sie ihre Aufgabe erfüllt, Leistungen für die Mitglieder zu erbringen, einen kooperativen Wert zu erzeugen, ökonomisch zu arbeiten, ihren soziopolitischen Zweck zu erfüllen und damit, in wie weit es ihr gelingt für die Mitglieder Anreize einer weiteren Teilnahme zu schaffen. Die Erfüllung dieser Aufgaben, wie z.B. die Interessenvertretung der Mitglieder oder ein erfolgreiches Marketing, sind jedoch nicht messbar bzw. den Mitgliedern gegenüber nicht beweisbar. Aus diesem Grund ist eine ständige und intensive Kommunikation mit den einzelnen Mitgliedern wichtig, um eine Akzeptanz bzw. ein Vertrauen und damit eine beständige Legitimation zu gewährleisten.
Zusätzlich ist im Destinationsmanagement eine hohe Anzahl an Interessengruppen zu beachten. Eine touristische Aktivität hat starken Einfluss

auf das Umfeld, in der sie ausgeübt wird. Sowohl die Wirtschaft, als auch die Umwelt sowie die Gesellschaft und damit auch die Politik der Region werden stark durch die Inanspruchnahme der touristischen Dienstleistung beeinflusst. Somit entsteht ein hohes Interesse der Öffentlichkeit und der Politik bezüglich der Form des Produktes. Vier externe Gruppen sind sowohl direkt vom touristischen Produkt einer Region betroffen, können dieses aber auch ausschlaggebend beeinflussen. Die Gemeinde, die für die allgemeine Infrastruktur verantwortlich ist, die Ansässigen bzw. die Bereisten, die durch ihr Verhalten wesentlich dazu beitragen, ob sich der Gast wohlfühlt, das lokale Gewerbe, das dem Touristen auf der einen Seite Einkaufsmöglichkeiten bietet und auf der anderen Seite wichtige vorproduktive Arbeiten für die touristischen Anbieter leistet und die Landwirtschaft, die beträchtlich zum landschaftlichen Gesamtbild beiträgt und so die Zufriedenheit der Besucher beeinflusst, da meist, abgesehen von Kulturreisen, im Urlaub die Natur gesucht wird, um die gewünschte Erholung zu erreichen. So müssen beim Management von Destinationen in einem besonders hohen Maß die Öffentlichkeit und alle externen Interessengruppen in Entscheidungs- und Planungsprozesse einbezogen werden, wobei deutlich hinsichtlich beeinflusster und beeinflussender Faktoren und Gruppen unterschieden werden muss (Vgl. Bieger, 2000, S. 34 und 35). Neben diesen externen Gruppen müssen aber auch, wie in jedem Unternehmen, die internen Interessengruppen (Mitarbeiter, Kunden, Lieferanten) in den Planungsprozess integriert werden. Hierbei ist zu beachten, dass innerhalb dieser internen Gruppen durchaus divergierende Interessenlagen vorhanden sein können. Für einige Lieferanten sind z.B. nur Übernachtungsgäste interessant (Beherbergungsbetriebe), für andere sind aber auch Tagesbesucher vielversprechend (Freizeitbäder). Innerhalb der Interessengruppe der Beherbergungsbetriebe, z.B. kann es aufgrund verschiedener Kundenprofile, wiederum zu Zielkonflikten kommen. So sind die internen Interessengruppen auf verschiedenen Ebenen nochmals in eine Vielzahl an Interessengruppen zu unterteilen.

3 Ziele und Grundsätze für das Destinationsmanagement

Die folgende Abbildung zeigt eine Übersicht über die beteiligten Akteure im Destinationsmanagement und verdeutlicht nochmals die Einteilung in ein internes und ein externes Interessensystem.

Abb.: 2 Interessengruppen und Akteure im Destinationsmanagement

Quelle: Bieger, 2005, S. 237

Die Tourismusorganisation bildet den Kern des inneren Interessensystems. Sie ist für den Interessenausgleich und für ein einheitliches Auftreten des Systems verantwortlich. Der äußere Bereich wird durch die Gemeinde als zentrales Organ koordiniert. Aufgrund der öffentlichen Position und häufig einer teilweise öffentlichen Finanzierung ist eine Tourismusorganisation einem anderen Kräfteverhältnis gegenüber der Politik ausgeliefert, als dies in der Privatwirtschaft der Fall ist. Einerseits hat sie einen erhöhten Einfluss auf Entwicklungen, andererseits muss sie sich häufig auch den Wünschen der Politik bzw. Ihrer Kapitalgeber beugen.

Da nicht die Tourismusorganisation selbst die Bestandteile des touristischen Produktes produziert, ist sie bezüglich der Angebots- und Produktgestaltung in einer besonderen Situation. In der Privatwirtschaft hat die Unternehmensleitung Entscheidungs- und Weisungsrechte über alle Arbeitsbereiche. Für Tourismusorganisationen ist dies gleich zweifach beschränkt. Auf der Ebene ihres eigenen Unternehmens ist der Einfluss der Politik sehr groß und damit die Handlungsfreiheit eingeschränkt. Auf der Ebene der Leitung der Destination ist sie klein, da die Leistungsträger (sozusagen die Abteilungen des Unternehmens) selbstständige und unabhängige Unternehmen sind. So hat die Tourismusorganisation hier lediglich die Möglichkeit durch Motivation, Kommunikation und den Aufbau von Vertrauen indirekten Einfluss auf einzelne Unternehmen zu nehmen (Vgl. Bieger, 2000, S. 110). Sowohl für einen Interessenausgleich zwischen den verschiedenen Anspruchsgruppen als auch für eine maximale Ausschöpfung des Einflusspotenziales auf die touristische Entwicklung muss eine Tourismusorganisationen nach klaren, ausdiskutierten und transparenten Werten, Prioritäten und Richtlinien handeln und eine intensive und regelmäßige Kommunikation mit den Mitgliedern pflegen. Dies fördert die Akzeptanz ihrer Ziele und Leitlinien von möglichst vielen Mitgliedern und maximiert damit ihren Einfluss auf die touristische Entwicklung.

3.2 Zentrale Aufgaben und Ziele des Destinationsmanagement

Aus der, im vorigen Kapitel dargestellten, Doppelfunktion des Destinationsmanagements ergeben sich dementsprechend auch doppelte Aufgaben und doppelte Ziele. Zum einen muss sie das Überleben der touristischen Organisation als Unternehmen sichern und effizient Leistung produzieren, die sinnvoll und gleichzeitig von den Mitgliedern gewünscht sind. Zum anderen ist sie für das Überleben der Destination verantwortlich. Beides erreicht sie durch einen aktiven Erhalt der Wettbewerbsfähigkeit. Das zentrale Ziel im Management einer Region ist es so, ihren Standpunkt im Markt und im Wettbewerb zu sichern und unter anderem damit ihre Legitimation zu sichern (Vgl. Bieger, 2000, S. 107).

Die Aufgaben der Tourismusorganisation lassen sich in 3 Bereiche einteilen. Die Wettbewerbsfähigkeit muss gesichert werden, normativen Rahmenbedingungen müssen geregelt werden und operative Instrumente müssen geschaffen werden.

Die wesentlichen Indikatoren, die eine Wettbewerbsfähigkeit auszeichnen, sind Alleinstellung, ein einheitliches Bild bzw. Unternehmensprofil, Kernkompetenzen und ein wahrgenommener Nutzen für den Gast. Für eine Sicherstellung der Wettbewerbsfähigkeit muss sich die Destination durch das konsequente Verfolgen einer gezielten Destinationsstrategie im Markt von Konkurrenten abgrenzen und eine Alleinstellungsposition erreichen. Es muss ein einheitliches Image bzw. ein scharfes Unternehmensprofil erzeugt werden, um mit dieser gewünschten Positionierung überzeugend am Markt wahrgenommen zu werden. Auf die Bedeutung die Abgrenzung, Positionierung und Leitbild für die Wettbewerbsfähigkeit einer Destination haben, wird in 3.4 genauer eingegangen. Hier soll erläutert werden, wie sie zu erreichen ist.

Zum Aufbau ihrer Wettbewerbsfähigkeit muss sich eine Destination zunächst darüber bewusst sein, welche speziellen Ressourcen und Kompetenzen (z.B. die Fähigkeit zur Organisation von Events) vorhanden sind, mit denen sie sich von anderen Regionen abgrenzen kann (Vgl. Pechlaner, 2006, S.43). Auf Basis der gegebenen Ressourcen und Kompetenzen

wird idealer Weise die Destinationsstrategie entwickelt. Bei der Entwicklung dieser sollte beachtet werden, dass sich die Wettbewerbsfähigkeit einer Destination nach dem Prinzip des Produktlebenszyklus beständig verändert. Hierzu tragen, wie in der klassischen Wirtschaft, Bedürfniswandel beim Konsumenten, neue Techniken, branchenfremde Ersatzprodukte, brancheninterne und -externe Konkurrenz bei (Vgl. Bieger, 2000, S.115). Zusätzlich können jedoch auch destinationsspezifische ökonomische, ökologische und gesellschaftliche Wechselwirkungen mit der touristischen Aktivität, wie eine kulturelle Entfremdung der Einheimischen, den Auf- oder Abschwung in einer Region beeinflussen und evtl. einen Relaunch erschweren. Da hierüber hinaus, wie zuvor dargestellt, das touristische Produkt weitaus komplexer ist, als ein herkömmliches Produkt muss dementsprechend eine Strategie entwickelt werden, die alle diese Faktoren mit einschließt und berücksichtigt.
Um eine Wettbewerbsfähigkeit zu erreichen bzw. zu garantieren, muss diese ständig, sowohl rückwirkend, als auch gegenwartsbezogen und zukunftsorientiert, analysiert werden. Für die Analyse der vergangenen Entwicklung sollte bedacht werden, dass nicht nur die Besucherzahlen alleine eine aussagekräftige Größe sind. Die Wettbewerbsfähigkeit definiert sich viel mehr durch die Menge an Wertschöpfung, die erlangt wird. Da die Ermittlung der Wertschöpfung aber viel aufwendiger ist, als die der Übernachtungszahlen, wird in der Praxis bislang vielfach mit dieser Messgröße gearbeitet (Vgl. Bieger, 2000, S.129). Für Aussagen bezüglich der Gegenwart müssen regelmäßig sowohl eine Umwelt- bzw. Nachfrage-, eine Ressourcen- und eine Wettbewerbsituationsanalyse durchgeführt werden. Für Zukunftsprognosen gibt es bisher kaum praxiserprobte Systeme. Eine Möglichkeit ist die Entwicklung eines Indikatorensystems. Indikatoren können die Nachfrage im Vergleich zur Realität (Wünsche des Gastes im Bezug auf Qualität und Angebot), die Zusammenarbeit der Leistungsträger im Bezug auf Innovation (keine Preisabsprachen, aber Zusammenarbeit bei Entwicklungen), günstige Produktionsfaktoren (zu kostengünstige Produktionsfaktoren können ein Billigpreisniveau erzeugen, zu kostenintensive behindern wettbewerbsfähige Preise) sowie eine

gemeinsame Strategie (verfolgen alle Unternehmen die Strategie in gleichem Ausmaß?) sein. Innovation ist hierbei von besonderer Bedeutung, da sie die Anpassung an die sich ständig ändernden Kundenerwartungen ermöglicht. Es gibt einige Faktoren, die Innovation und damit die Wettbewerbsfähigkeit beeinflussen. Die Innovation der Leistungsträger und das Erkennen neuer Zielgruppen kann gehemmt werden, wenn ausreichend Absatz verzeichnet wird. Kartelle können die Innovation der Leistungsträger einschränken, aber auch Synergieeffekte durch Zusammenarbeit entstehen lassen. Die lokalen Gegebenheiten können günstige Produktionsfaktoren ergeben und versprechen somit ausreichend Gewinn auch ohne Innovation. Die Destinationsstrategie kann wichtige Synergieeffekte fördern und dafür sorgen, dass eine einheitliche Anpassung an sich verändernde Bedingungen geschieht. Das Wirken dieser die Innovation beeinflussenden Faktoren in eine wünschenswerte Richtung ist Aufgabe der jeweiligen touristischen Zentrale.

Neben der Sicherstellung der Wettbewerbsfähigkeit bringt das Management von Destinationen normative Aufgaben, sowohl auf der Ebene der Organisation, als auch auf der Ebene der Destination, mit sich.

Die für das Management der Destination verantwortliche touristische Organisation sollte an der Entwicklungspolitik, wie z.B. bezüglich der Infrastruktur oder bezüglich von evtl. Veränderungen des Erscheinungsbildes, der Region mitwirken. Die jeweilige Gemeinde und örtliche Politik behält hierbei zwar die inhaltliche Verantwortung und entwickelt ein Konzept und ein Leitbild für die Destination, die ihren Zielen entsprechen, sollte aber von der Tourismusorganisation dabei unterstützt werden, um sicher zustellen, dass tourismusrelevantes Fachwissen in die Entscheidungsprozesse einfließen. Hierdurch können die Entwicklungsziele und die Strategie der Tourismusorganisation an einander angeglichen werden. Ebenso müssen für die touristische Organisation die unternehmensinternen normativen Rahmenbedingungen geschaffen werden. So müssen eine Managementphilosophie, die den Zweck der Organisation sicherstellt, eine Vision, die die langfristigen Ziele formuliert, eine Unternehmenspolitik, die das Verhalten gegenüber den Anspruchsgruppen regelt, eine Unternehmenskultur und -verfassung, die die Werterhaltung garantiert sowie ein Entscheidungssystem umfasst und ein Leitbild, das dies alles zusammenfasst, entwickelt werden. Außerdem muss eine Unternehmensstrategie bzw. eine Marketingstrategie festgelegt werden, die regelt, wohin sich das Unternehmen entwickeln soll und welche Leistungen für wen entstehen sollen.

Auf der operativen Ebene müssen Zuständigkeiten und die touristische Organisation der Region festgelegt werden. Zwischen Gemeinde und Tourismuszentrale muss z.B. geregelt sein, wer für welche Infrastruktur sorgt bzw. diese pflegt. Außerdem muss für einen sozialen Zusammenhalt in der Destination gesorgt werden und Maßnahmenpläne erstellt werden, die die Interessenvertretung und die Informationen nach Innen garantieren. Innerhalb der touristischen Organisation müssen Instrumente geschaffen und gehandhabt werden, die eine Kommunikation und Koordination der einzelnen Angebotselemente und deren Marketing und Absatz erzeugen. Der Vertrieb muss betreut und die Marketinginstrumente müssen angewandt werden. Aber auch ein Finanzkonzept muss festgelegt werden, das regelt, wie die Kosten für die kooperativen Aufgaben beglichen werden, um das finanzielle Gleichgewicht zu sichern. Außerdem müssen Ziele für Produktion und Absatz geschaffen werden und das Angebotsprofil mit der Positionierung abgestimmt bzw. hin zur Positionierung beeinflusst werden. Die Mitgestaltung und Koordination der Leistungsprozesse und Angebote der Region zählen zu den essenziellen Aufgaben der zentralen Tourismusorganisation. Denn nur so kann die Positionierung einheitlich und überzeugend umgesetzt werden.

"Damit das als Tourismusobjekt bezeichnete Tourismusangebot den Anforderungen des nachfragenden Tourismussubjekts genügen kann, müssen die einzelnen Beziehungen zwischen den Angebotselementen besonders ausgebaut und organisiert werden. Die Teilfunktionen etwa des einzelnen Tourismusbetriebes oder des einzelnen Tourismusortes müssen durch besondere Organisations-Strukturen koordiniert werden" (Kaspar, 1996, S. 91).

In heutiger Zeit haben fast alle touristischen Destinationen, genauso wie die meisten anderen Unternehmen, zusätzlich und unabhängig von den in diesem Kapitel erwähnten Aspekten eine nachhaltige Entwicklung zum Ziel. Hiermit verfolgen sie einerseits eine Abgrenzung von anderen Destinationen, andererseits lediglich die Erfüllung der Erwartungen der Touristen. Auf die wesentlichen Aspekte zur Verfolgung dieses Zieles wird im Teil 4 ausführlich eingegangen.

3.3 Die Bedeutung der Positionierung

Nachdem im vorherigen Kapitel beschrieben wurde, wie die Wettbewerbsfähigkeit einer Region optimiert werden kann, soll dieses Kapitel zeigen, welche Bedeutung sie für die Positionierung der Destination auf dem Reisemarkt hat und wieso die richtige Positionierung ein zentraler Faktor für den Erfolg der Destination ist. Die Positionierung sollte stets fester Bestandteil der Marketingstrategie sein.

"Ein segmentorientiertes Marketing ist .. für Destinationen unabdingbar. Segmentorientiertes Marketing spricht spezifische Zielmärkte an und versucht, Produkte aus Kundensicht gezielt von der Konkurrenz abzugrenzen, sie zu positionieren" (Bieger, 2005, S. 185).

Fehlende Planung, vergleichbare Wachstumskonzepte, die internationale Standardisierung vieler Produkte und die fortschreitende Angleichung ihrer Eigenschaften haben dazu beigetragen, dass viele Destinationen miteinander austauschbar geworden sind. "Ohne klare Positionierung bleibt der Anbieter austauschbar. Positionierung ist die Leitlinie aller Marketingmaßnahmen, aber besonders wichtig für die Werbung" (Althof, 2000, S. 319). Hinzu kommt ein insgesamt wachsendes Angebot, was zu einer Entstehung von Überkapazitäten und zu einem Käufermarkt führt. Dies führt zu einem Verdrängungswettbewerb am Markt. Eine wichtige Antwort auf diese Herausforderung ist die Entwicklung einer Marketingstrategie, die nicht nur auf die Grundbedürfnisse sondern auf mögliche Zusatznutzen abstellt. Da die Erfüllung der Grundbedürfnisse von den Urlaubern mittlerweile als selbstverständlich empfunden wird, bieten Zusatznutzen, wie die Befriedigung von emotionalen Erlebnisbedürfnissen oder einem gesundheitlichen Nutzen, geeignete Ansatzpunkte für eine Positionierung, die eine Alleinstellung liefert und einen Wettbewerbsvorteil verspricht. Die Innovation von immer neuen Zusatznutzen sollte gefördert werden, da sich diese durch Nachahmung und Anpassung schnell zum Standard entwickeln können.

Durch eine gezielte Positionierung ist es möglich ganz konkret bestimmte Zielgruppen anzusprechen und sich aus deren Kundensicht von der Konkurrenz abzugrenzen. So entstehen Vorteile für den Verbraucher, wie die Identifizierbarkeit der Destination und das leichtere Erkennen von Schwächen und Stärken. Außerdem kann der Destination ein bestimmter Nutzen und eine Eignung zugeordnet werden. Auch Aderhold stellt fest, dass es wichtig ist "der Austauschbarkeit ein unverwechselbares Profil entgegenzustellen, das kulturhistorische, landschaftliche und Natur- Attraktionen herausstellt, aber auch die Alltagskultur der dort lebenden Menschen, ihre Lebensweisen, ihre Werte, Sitten und Gebräuche" (Aderhold, 2006, S. XXI). Das immaterielle Produkt, von dessen Qualität sich nicht im Voraus überzeugt werden kann, wird so berechenbar und verlässlicher. Die Zielgruppe kann sich darüber hinaus leichter mit dem Produkt identifizieren und baut eine persönlichere Beziehung zu der Destination auf, was die Kundenbindung vorteilhaft unterstützt. Die touristischen Anbieter können ihre Produkte und ihr Marketing gezielt auf das jeweilige Segment ausrichten und damit kosteneffizienter eine Alleinstellung und Auslastung erzielen. Durch die Ausrichtung auf eine bestimmte Zielgruppe kann ein gewisses Know-how über diese entstehen, die die Abstimmung der Angebote auf die Bedürfnisse und spezifischen Merkmale der Kunden erleichtert. "Je besser ein Produkt auf die Bedürfnisse seiner Abnehmer abgestimmt ist, desto gröss[!]er sind seine Vorteile gegenüber der Konkurrenz" (Bieger, 2000, S. 201). Durch ein gezieltes Marketing über bewusst gewählte Kanäle können erheblich Kosten eingespart werden, da nur wirklich potenzielle Kunden angesprochen werden, Streuverluste werden so vermieden. Hinsichtlich der Kanäle ist zu beachten, dass die Literatur an Bedeutung verloren hat und Werbung, Presse und Fernsehen weiter in den Vordergrund rücken (Vgl. Althof, 2000, S. 25). Eine zu starke Segmentierung jedoch kann zwar die Positionierung schärfen, führt aber durch die so entstehende Markteinengung zu hohen spezifischen Kosten.

Aufgrund der vielschichtigen Struktur des Unternehmens Destination ist es allerdings durchaus möglich verschiedene Produkte zu entwickeln und diese differenziert zu bearbeiten. Dies ist wichtig, um einer Abhängigkeit von einem bestimmten Markt vorzubeugen. Die verschiedenen Produkte sollten allerdings zu einander passen, sich bestenfalls ergänzen, so dass nicht zu widersprüchliche Zielgruppen aufeinander stoßen und ein einheitliches Image nicht gestört wird (Vgl. Bieger, 2000, S.201).

Die Alternative zur zielgruppenspezifischen Positionierung ist die, in der Vergangenheit häufig angewandte, Ansprache der Allgemeinheit bzw. Masse vor allem über den Preis. Aus Erfahrung jedoch hat sich gezeigt, dass die Ausrichtung auf einen Massenmarkt nicht ratsam ist. Eine fehlende ökologische, ökonomische und soziale Tragfähigkeit führt häufig zu negativen Entwicklungen in der Region. Immer mehr eingeschränkte finanzielle Mittel der Tourismusorganisation machen dies häufig ohnehin gar nicht mehr möglich. Um also nicht nur durch Preise die Auslastung der Kapazitäten zu garantieren, muss sich bei der Destinationsstrategie auf Besonderheiten und Abgrenzungsmerkmale der Region besonnen werden. "Eine einzelne Destination muss am Markt als eigenständiges Produkt mit klarer Positionierung auftreten, um sich aus einem einseitigen Preiswettbewerb herauszuhalten" (Bieger, 2000, S.181). Darüber hinaus entwickelt sich der touristische Markt aufgrund des Trends zum Individualismus ohnehin mehr und mehr von einem Massenmarkt hin zu einem mit spezifischer Nachfrage.

Unterstützung findet die Positionierung durch die Entwicklung und Kommunikation einer Vision, einer klaren Leitidee. Die Vision sollte normative Aussagen über den Standort, das Angebot, das Ziel und den Weg dorthin machen (Vgl. Bieger, 2000, S. 181/182). Wichtig ist eine Einheitlichkeit der Vision, die von allen beteiligten Akteuren in allen Bereichen gleichermaßen getragen und umgesetzt wird. Durch Instrumente, wie eine aktive Beeinflussung der Angebotsstruktur muss die touristische Organisation dies sicherstellen. Nur so kann eine ganzheitliche und glaubhafte Wirkung nach Außen entstehen und sich ein entsprechendes Image entwickeln.

Eine konsequente Umsetzung der Positionierung ist umso bedeutender, weil die Einflussmöglichkeiten einer Region auf das eigene Image sehr begrenzt sind, da es subjektiv wahrgenommen wird und häufig durch unabhängige Berichte und Werbung erzeugt wird. Persönliche Erfahrungen der Kunden haben nur eine geringe Wichtigkeit bei der Imagebildung, stärken oder schwächen es aber evtl. ab. Hinzu kommt, dass ein Image sehr sensibel sein kann. Es muss mühselig aufgebaut werden und kann sehr schnell verloren gehen. Durch subjektive Betrachtungen entspricht ein Image nur selten der Realität, was aber besonders wichtig ist, um vom Kunden als ehrlich empfunden zu werden. Für den Erfolg eines Produktes ist es wesentlich, dass es den Erwartungen der Kunden entspricht. Der Problematik der irrealen Imagebildung kann mit einer konsequenten und ehrlichen Positionierung entgegen gewirkt werden. So ist eine Zustandsanalyse grundlegend für die Entwicklung der Positionierung. Marktchancen und Stärken, Schwächen sowie die Produktqualität, Preisniveau und Marktsegmente müssen ermittelt werden. Genauso wie die Verbraucherstruktur, das Buchungsverhalten und das Werbeverhalten im Umfeld (Vgl. Althof, 2000, S. 319).

Es ist wichtig zu beachten, dass bei der Kommunikation der Positionierung ausschlaggebend ist, wie die potenziellen Kunden die Produkteigenschaften wahrnehmen, nicht wie die realen Produkteigenschaften sind. Die Positionierung kann entweder emotional oder sachorientiert ausgerichtet sein. Dies sollte sich nach den jeweiligen Potenzialen bzw. Bedingungen der Region richten. Am Beispiel Costa Rica ist eine emotionale Ansprache erfolgversprechend, da sich das Land durch seine natürlichen Ressourcen für Aktivurlaub bzw. Natur Abenteuer eignet. Diese Produkte versprechen unter anderem Spannung und Aufregung, sprechen somit also Gefühle an. Bezüglich der Wahrnehmung ist auch zu berücksichtigen, dass diese zwischen verschiedenen Nationalitäten unterschiedlich ist. Diese Unterschiede entstehen durch verschiede Bildungsniveaus und Distanzen zum Zielgebiet. So sehen die US Amerikaner Mexico vornehmlich als ein Badeurlaubsziel und die Europäer als ein exotisches Kulturland (Vgl. Althof, 2000, S. 27).

3.4 Die Rolle der Reiseveranstalter der Quellländer für das Destinationsmanagement

Die Bedeutung einer Zielgruppe bzw. deren Akzeptanz und Wahrnehmung einer Destination ist in den vorigen Kapiteln bereits deutlich geworden. Dieses Kapitel soll zeigen, dass auch die Reiseveranstalter der Quellländer als wichtiger Einflussfaktor auf die Entwicklungen in der Destination nicht verkannt werden sollten. Ob als eigene Zielgruppe oder als wichtige Vermittlungsinstitution zwischen dem Zielgebiet und den Reisenden, werden die Nachfrage und das Angebot stark von ihnen beeinflusst.

Die folgende Abbildung zeigt, dass trotz des Trends zur individuellen Reisegestaltung immer noch viel über Reiseveranstalter gebucht wird. Ein besonders hoher prozentualer Anteil ist in dem Bereich ferne Entwicklungsländer zu verzeichnen, zu dem auch Costa Rica gehört.

Abb.: 3 Reiseorganisationsformen der Haupturlaubsreise 2004

		Haupturaubsreise 2004			
	Reisende	Europäisches Ausland	Türkei	Nordafrika	Entwicklungsländer fern
Mio.:	48,1	26,5	3,5	1,5	2,1
	%	%	%	%	%
Reiseorganisationsform					
Pauschalreise	34	39	66	78	52
sonst. Buchung im Reisebüro	16	16	21	18	31
Buchung bei Hotel/ Vermieter direkt	26	22	2	0	4
nichts davon	24	23	11	4	13

Quelle: Ausschnitt der Tabelle von Aderhold (2006), S. 97

Auch Nusser fragt bei ihrer Untersuchung nach der Bedeutung von Nachhaltigkeitsaspekten bei der Gruppe bewusst konsumierender Personen[1], und stellt fest, dass 30,5 % der Befragten ihre letzte Haupturlaubsreise als Pauschalreise bei einem Reiseveranstalter gebucht haben. 14,2% buchten dort zumindest Teile der Reise. Ebenso ermittelt sie im Rahmen ihrer Forschung, dass dieses Verhalten in etwa mit der Gesamtheit der deutschen Reisenden vergleichbar ist (Vgl. Nusser, 2007, S. 82).

Reiseveranstalter sollten im Marketing einer Destination als eine eigenständige Zielgruppe betrachtet werden, da nicht nur die Nachfrageseite, sondern auch die Angebotsseite im Quellmarkt stimuliert werden sollte. Einerseits, um damit ein inländisches Marketing im Herkunftsland zu intensivieren, andererseits, um eine einfache Buchbarkeit zu erreichen. Das Ziel des Marketings in diesem Zusammenhang soll es sein, Reiseveranstalter dazu anzuregen, die Destination in ihr Sortiment mit aufzunehmen. Besonders die Produkte, die der Positionierung entsprechen, sollten gefördert werden, um diese zu stärken. Hierbei muss zwischen den einzelnen Reiseveranstaltern differenziert werden. Das Profil und die Spezialisierung spielen eine wichtige Rolle, ob die Destination zum Angebot des Reiseveranstalters passt. Ist ein Reiseziel sehr in der Nähe des Nachfrageraumes des Reiseveranstalters ist es erfahrungsgemäß wenig interessant für den Reiseveranstalter, da sich die Kunden einfach selbst informieren und individuell buchen können.

Durch ihre Vorauswahl der einzelnen Leistungen und ihre teilweise direkte Zusammenarbeit mit den einzelnen Leistungsträgern vor Ort, tragen die Reiseveranstalter teilweise erheblich zum Umsatz dieser bei. Hierdurch entsteht eine mehr oder weniger starke Abhängigkeit des Leistungsträgers. Die Einflussmacht des Reiseveranstalters auf die Produktgestaltung nimmt mit steigender Abhängigkeit zu. "Sicherlich ist der "Beeinflussungsgrad" des Reiseveranstalters von der Nachfragemacht abhängig, doch ist auch bei mittelständischen Veranstaltern durchaus ein Potential gegeben (z.B. über längerfristige Kooperationsverträge, Zielort-

1 Die Studie wurde 2007 mit dem Titel "Nachhaltiger Tourismus – Bewusst Konsumierende als vielversprechende Zielgruppe" veröffentlicht (Vgl. Nusser, 2007).

konzentration)" (Hopfenbeck, 1993, S. 345). So kann der Reiseveranstalter hohen Einfluss auf die Angebotsgestaltung der gesamten Destination nehmen. Vor allem große Reiseveranstalter können neben einer erhöhten Nachfrage auch andere Entwicklungen bewirken. Wenn es z.B. attraktiv für direkte Investitionen ist, tragen Reiseveranstalter unter Umständen zu einer evtl. wünschenswerten oder nicht erwünschten Veränderung der bestehenden Infrastruktur bei (eigene Ferienressorts oder die Aufnahme in Flugprogramme der unternehmenseigenen Airline) (Vgl. Althof, 2000, S. 294). Hierdurch besteht die Gefahr, dass sich die tatsächliche Situation von der Positionierung und dem Image des Zielgebietes entfernt. Um dieser Gefahr vorzubeugen, muss die touristische Zentrale versuchen ihren Einfluss auf die Reiseveranstalter erhöhen.
Reiseveranstalter spielen aus Gründen der Bequemlichkeit, aus Sicherheit oder durch das Anpassen der Angebotsgestaltung an die Nachfrage nach individuellen Reisen eine wichtige Rolle für die Vermittlung der Produkte. Schon durch ihre Vorauswahl der von ihnen ins Programm aufgenommenen Leistungen wird sowohl das Angebot, als auch die Nachfrage beeinflusst.

3.5 Einflussmöglichkeiten der zentralen Tourismusorganisationen auf die Umsetzung des Tourismuskonzeptes

Die ersten beiden Kapitel dieses Abschnitts haben gezeigt, in welcher speziellen Lage sich eine zentrale Organisation einer Destination befindet und welche ihre wesentlichen Aufgaben in diesem Zusammenhang sind. Außerdem ist deutlich geworden, dass die Einflussnahme der Tourismusorganisation auf die touristische Entwicklung und damit auf die Angebotsgestaltung ein bedeutender Faktor für den Erfolg der Region ist. Auf diesen Aspekt soll in diesem Kapitel genauer eingegangen werden und die Einflussmöglichkeiten dargestellt werden.

3.5.1 Möglichkeiten der Einflussnahme auf die Angebotsgestaltung

Die Einflussnahme auf das Gesamtprodukt ist eine sehr schwierige, aber wichtige Aufgabe für das Destinationsmanagement. Nur so kann die Angebotsstruktur der Positionierung angeglichen werden. Tourismusorganisationen haben verschiedene, unterschiedlich stark wirkende Möglichkeiten, Einfluss auf die touristische Entwicklung zunehmen. Sie können durch Aufklärung über Folgen und Auswirkungen einen moralischen Einfluss nehmen und so eine Sensibilisierung aller Beteiligten erreichen. Außerdem können sie sich gewissermaßen als Eigentümer der Ressourcen verhalten und versuchen auf staatlicher Ebene gesetzliche Auflagen zu erreichen. Nicht zu unterschätzen ist diesbezüglich die Position des Marketings. "Tourismus wird heutzutage weitaus stärker von Marketingmaßnahmen geprägt als von der Tourismuspolitik und Konzepten mit integrativen Planungsüberlegungen. Verkaufen lautet die Devise, Auslastung erzielen um jeden Preis" (Luger, 2007, S. 139)

An einigen Punkten kann die Tourismusorganisation direkte Einflussnahme ausüben, an den meisten jedoch nur eine indirekte z.B. durch Information und Motivation. In der folgenden Grafik sind die Möglichkeiten gemäß dieser Einteilung dargestellt.

Abb.: 4 Möglichkeiten der Einflussnahme auf das touristische Angebot

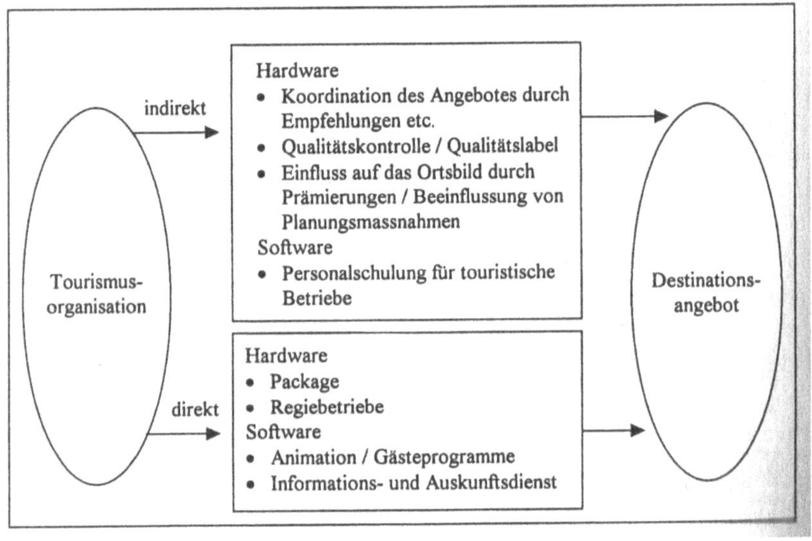

Quelle: Bieger, 2005, S. 263

Direkten Einfluss kann die Tourismusorganisation durch Animations- und Informationsangebote, wie die örtliche Tourismusinformation, nehmen. Viele regionale Organisationen bieten Stadtführungen oder Exkursionen an, die das Gesamtprodukt abrunden und die Positionierung unterstreichen können.

Die örtlichen Tourismusinformationen sind oft erste Anlaufstellen für die Gäste. Die Servicequalität trägt hierbei wesentlich zur ersten Kundenzufriedenheit und zum ersten Empfinden des Ortes bei, was bedeutend die weitere Wahrnehmung der Destination beeinflusst. Beide Leistungen stellen seltene Kontaktpunkte der Gäste mit der jeweiligen touristischen Organisation dar und bieten so die Möglichkeit der direkten Einflussnahme auf die empfundene Qualität des Produktes. Weiteren Einfluss kann die Tourismusorganisation nehmen, indem sie neue, ergänzende Angebotselemente bereit stellt, die einen Mehrwert für den Kunden bieten, aber bisher nicht von der Privatwirtschaft angeboten werden, wie z.B. einen Shuttleservice zwischen den wichtigsten touristischen Orten. So kann sie, ist dies eine Leistung, für die Entgelte erhoben werden können, einerseits weitere Finanzmittel für die kooperativen Aufgaben erwirtschaften, andererseits das Gesamtprodukt aufwerten und gewisse Qualitätsstandards setzen. Hierbei ist jedoch darauf zu achten nicht in Konkurrenz mit privatwirtschaftlichen Unternehmen des Ortes zu treten, um, wie in 3.1. bereits erwähnt, deren Kooperationsbereitschaft nicht zu gefährden.

Direkten Einfluss kann die Tourismusorganisation auch nehmen, indem sie selbst aus Einzelangeboten der Leistungsträger Reisepakete schnürt und diese als eigenständiges Produkt vermarktet. Dies, wie schon im vorherigen Kapitel im Zusammenhang mit den Reiseveranstaltern verdeutlicht, steigert nicht nur den Absatz der einzelnen Leistungen, sondern hat oft auch den Nutzen eines Aushängeschildes für eine Region. Auf der einen Seite kann der Gast so ganz bequem alle gewünschten Leistungen auf einmal buchen und einen Preisvorteil erlangen (Vgl. Bieger, 2000, S. 189). Auf der anderen Seite wird ihm vor der Reiseentscheidung gezeigt, was er in der Destination erleben kann und welche Art von Urlaub er erwarten kann. Es ist eine ideale Möglichkeit mit dem Gast zu kommunizieren. In vielen Großdestinationen haben sich Unternehmen auf die Entwicklung dieser Pauschalangebote und deren Durchführung vor Ort bzw. die damit verbundene Gästebetreuung spezialisiert. Incoming Agenturen übernehmen diese Aufgabe teilweise, oder in einigen Destinationen auch komplett. Somit sollte sich die Tourismusorganisation um einen hohen Einfluss auf diese bemühen.

Aber auch durch die, der Tourismusorganisation zukommende Aufgabe der Lieferung eines einheitlichen Webauftritts kann sie erheblichen direkten Einfluss auf die Erwartungen der Gäste nehmen. Immer mehr Reisende informieren sich aus dieser Quelle, bevor sie eine Reise planen oder antreten. So bietet sich die Webseite als ein wirksames Instrument zur Einflussnahme auf das Image an. Die direkten Einflussmöglichkeiten können das Image von einer Destination entwickeln und kommunizieren. Durch das Image einer Destination ergeben sich gewisse Erwartungen der Gäste an ihren Aufenthalt. Die Leistungsträger geraten aufgrund des Nachfragedrucks in die Situation diese auch erfüllen zu müssen und die Angebotsstruktur dem Image anzupassen.

Indirekt Einfluss nehmen können zentrale Organisationen, indem sie Schulungen für das Personal der touristischen Leistungsträger organisieren. Hier können sie z.B. Seminare zum Thema Servicequalität veranstalten und die Qualität des Produktes damit steigern. Aber auch Schulungen in anderen Bereichen, wie zu Innovationsmöglichkeiten, oder zu Trends innerhalb der Zielgruppe und deren damit verbundenen evtl. neuen Erwartung an Angebotsinhalte, können die Fortschrittlichkeit und damit die Abgrenzung einer Destination fördern.

Das allgemeine Bild einer Destination trägt stark zu deren Erleben bei. So kann und sollte eine Tourismusorganisation möglichst viel Einfluss bei politischen Entscheidungen, die die Gestaltung der Region betreffen ausüben. Auf das Bild der Destination einwirken kann sie auch indem sie Ansässigen Anreize schafft durch eigenes Verhalten, oder eigene Maßnahmen zu einem ansprechenden Bild beizutragen. So kann sie z.B. Preise für besonders schöne Häuser verleihen.

Einfluss auf die Koordination des Gesamtproduktes kann sie z.B. nehmen, indem sie Treffen veranstaltet, bei denen die einzelnen Leistungsträger über die Angebotskonditionen der Anderen, vor allem derer, die ergänzende Produkte anbieten, informiert werden und Absprachen getroffen werden, wie diese, gemäß der Erwartungen der Gäste auf einander abgestimmt werden. Durch Gästebefragungen können Lücken in der Angebotsstruktur erkannt werden und durch die Weitergabe der Ergebnisse an die Leistungsträger der Region deren Schließung erreicht werden. Die Ergebnisse von Befragungen stellen hierbei ein überzeugendes Argument dar, da es direkt vom Nachfrager geäußerte Verbesserungsvorschläge sind und dadurch ernst genommen wird.

Weiterhin kann Einfluss genommen werden, indem bestimmte Standards im Bezug auf Qualität oder Umsetzung der touristischen Leistungen festgelegt werden und Unternehmen, die diese erfüllen für den Verbraucher gekennzeichnet werden. Um dies zu realisieren haben sich in diesem Zusammenhang Gütesiegel- und Total Quality Management Systeme (TQM-Systeme) entwickelt. TQM-Systeme sind als Führungsphilosophie zu verstehen, die auf der Mitwirkung aller Mitarbeiter und Einbeziehung aller Bereiche beruht und Qualität in den Mittelpunkt stellt. Die Qualität soll auf allen Stufen der Wertschöpfungskette in allen für den Kunden relevanten Bereichen verbessert werden. Ein ausgeprägtes Qualitätsbewusstsein der Belegschaft und eine Bereitschaft zu ständiger Qualitätsverbesserung werden stark gefördert. So soll langfristig eine Zufriedenheit beim Kunden erreicht werden, was dem Erfolg des Unternehmens und dem Wohle der Mitarbeiter zu Gute kommt (Vgl. Althof, 2000, S. 234).

Gütesiegel im Tourismus zeichnen Unternehmen, Produkte oder Leistungen für das Erfüllen bestimmter Gütestandards aus. Dem Konsumenten soll hierdurch erleichtert werden, die vor Kauf und Beginn der Reise nicht prüfbare Qualität des Produktes einzuschätzen. Dem Produzenten wird so die Möglichkeit gegeben sich von anderen, die diese Standards evtl. nicht erfüllen, abzugrenzen. Meist werden Siegel von externen Organisationen vergeben, die sich um eine möglichst objektive Bewertung bemühen. In der Regel werden Beherbergungs- oder Gastronomiebetriebe ausgezeichnet, die Aufnahmen von anderen touristischen Unternehmensformen, wie Anbieter von Tagesausflügen oder Zielgebietsagenturen, nimmt jedoch laufend zu. Weiterhin gibt es bereits Siegel die Strände bewerten, Siegel, die ganze Pauschalreiseangebote zertifizieren, aber auch Versuche ganze Zielgebiete zu bewerten. Einige Auszeichnungssysteme für Nachhaltigkeit im Tourismus werden im Abschnitt 4 beispielhaft vorgestellt. Im Folgenden soll die Einflussmacht dieses Instrumentes im Destinationsmanagement dargestellt werden.

3.5.2 Chancen der indirekten Einflussnahme durch Gütesiegel

Die Entstehung von Gütesiegeln begann, als sich die touristische Marktsituation mehr und mehr zu einem Käufermarkt entwickelte. Das hierdurch entstehende touristische Überangebot zwang bzw. zwingt die Produzenten zur Abgrenzung vom Markt. Dies können sie durch außergewöhnliche

Angebotselemente, außergewöhnlich guten Service oder die Erfüllung besonderer Standards realisieren. Spezielle Angebotselemente, wie bestimmte Dienstleistungen sind einfacher zu kommunizieren, als Qualität, sie sind greifbarer für den Kunden. Doch beide sind für den Kunden vor dem Kauf des Produktes nicht überprüfbar. Erst ab Reiseantritt kann er sich von der Erfüllung der versprochenen Leistungen überzeugen. Die Einhaltung einiger Standards und Anforderungen sind für den Kunden, allerdings selbst während der Reise nicht persönlich überprüfbar, hierzu zählen vor allem ökologische und soziale Aspekte. Der Kunde muss darauf vertrauen, dass sie wirklich erfüllt werden. Durch das große Angebot und die Möglichkeit zur Auswahl entstand die Notwendigkeit, dass die Erfüllung dieser immateriellen Bedürfnisse für den Verbraucher schon vor Antritt der Reise vertrauensvoll erkennbar ist. Nur so kann seine Kaufentscheidung durch immaterielle Merkmale des Produktes beeinflusst werden. Um die, bei touristischen Entscheidungen für den Verbraucher fast zwangsläufig entstehenden, Unsicherheitsfaktoren in Bezug auf die Erfüllung bestimmter Erwartungen zu minimieren, sind Gütesiegel entwickelt worden.

Die Hotellerie hat zuerst damit begonnen Qualitätslabels, zu denen auch das Sternesystem zählt, zu entwickeln, die es dem Kunden ermöglichen schon vor Reiseantritt eine verlässliche Einschätzung zu bekommen. Auch die Gastronomie liefert ein Beispiel für die Notwendigkeit von Qualitätskennzeichnungen der Betriebe. Hier zeichnen Autoren von Gastronomieführern oder Reiseführern Betriebe durch die Aufnahme in diese oder durch ihre Kritik aus. In diesem Zusammenhang ist jedoch zu verdeutlichen, dass die Akzeptanz von Auszeichnungen in der Gastronomie deutlich höher ist, als bei der Beherbergung und erst recht bei anderen touristischen Leistungsträgern. In den 80iger Jahren kamen zusätzlich, aufgrund des allgemeinen Trends, verstärkt Gütesiegel auf den Markt, die Standards, wie die Beachtung von Umweltaspekten bei der Leistungserbringung bzw. -nutzung, auszeichneten.

Gütesiegel werden idealer Weise von externen, unabhängigen Organisationen verliehen und regelmäßig kontrolliert, um dem Verbraucher ein

höheres Maß an Zuverlässigkeit zu bieten. Neben Kontrollen durch die Branche selbst, übernehmen diese Funktion, vor allem im Bezug auf ökologische Aspekte, auch Konsumentenschutzorganisationen.
Über die einfachere Einschätzung des immateriellen Produktes hinaus, ist ein weiterer Vorteil für den Kunden, dass Gütesiegel den Auswahlprozess überschaubarer und leichter machen. Der Gast muss weniger intensiv die Details des Angebotes analysieren, da gewisse Standards schon durch das Label garantiert sind. So wird der Entscheidungsprozess vereinfacht. Wird ein Unternehmen also mit einem Siegel zertifiziert, dessen Kriterien den Ansprüchen, Erwartungen und Wünschen der Kunden entsprechen, entsteht dadurch ein höheres Vertrauen des potenziellen Kunden in das Unternehmen und in die Erfüllung der Erwartungen. Das Unternehmen kann die Auszeichnung für Marketingzwecke nutzen und sich damit von seinen Mitbewerbern abgrenzen. Oft bieten Gütesiegel ihren Mitgliedern neben diesem indirekten Nutzen auch direkte Vorteile, wie eine spezielle Unterstützung, z.B. in Form von Bereitstellung bestimmter Informationen oder einer Vermarktungsplattform. Nutzen viele Kunden diese Auswahlhilfe, so hat dies zur Folge, dass sich viele weitere Betriebe anschließen, bzw. dass nicht angeschlossene ausselektiert werden und vom Markt verschwinden, weil sie nicht nachgefragt werden. So können Gütesiegel, wenn sie richtig vermarktet und umgesetzt werden, einen hohen Einfluss auf die Gestaltung des Angebotes vor Ort haben. Durch Auszeichnung ihrer Mitglieder für die Erfüllung bestimmter Kriterien kann eine zentrale touristische Organisation also indirekten Einfluss auf die Angebotsgestaltung der zu verwaltenden Destination nehmen. Wesentlich für den Erfolg ist, dass die Kriterien einen Mehrwert für die Kunden darstellen und die Erfüllung ihrer Erwartungen garantieren. Die Erwartungen entstehen durch das Image, das die jeweilige Destination kommuniziert, die Kriterien und Standards des Siegels müssen also zu der Positionierung passen. Durch das Implementieren von neuen Standards innerhalb einer Destination kann sie neu belebt werden und neue Kundenkreise ansprechen oder für alte wieder interessant werden. Wie schon erwähnt unterliegen Destinationen, wie andere Produkte auch, einem Produktlebens-

zyklus. Gütesiegel sind vor allem in der Phase des Relaunch von großer Bedeutung, da durch diese ein neuer Mehrwert bzw. ein Abgrenzungskriterium für die ganze Destination geschaffen werden kann.
Das System der Gütesiegel weist jedoch noch einige Schwächen auf. Kriterien im Bezug auf die Hardware (Infrastruktur, Qualität der Speisen, Qualität der Zimmer) lassen sich einfach finden und einfach überprüfen. Die Software – die sogenannten weichen Faktoren - zeichnen sich durch ein vielschichtiges Beziehungsgeflecht aus. Diese eindeutig zuzuordnen, zu quantifizieren, zu messen und zu bewerten ist äußerst schwierig. Zum einen, weil der Gast selbst daran beteiligt ist, wie ihm begegnet wird und zum anderen, weil eine Vielzahl an Einflüssen und Bedingungen die jeweiligen Handlungen beeinflussen und nicht davon ausgegangen werden kann, dass diese jedes Mal gleich, sondern individuell ablaufen. Es ist nur möglich nach Kriterien wie Flexibilität, Reaktionsgeschwindigkeit oder Individualität zu beurteilen, die darüber hinaus nur nach dem Stichprobenprinzip überprüft werden können. Ebenso wird nur die Endqualität und nicht der ganze Produktionsprozess überprüft, der aufgrund der Beschaffenheit des touristischen Produktes das eigentliche Produkt darstellt. Bei den meisten existierenden Zertifizierungssystemen mangelt es an einem verlässlichen Kontrollsystem, das dem Verbraucher Vertrauen verspricht. Viele Gütesiegel sind nur für einzelne Teilleistungen erwerbbar. So ist nicht garantiert, dass deren Verbindung und Koordination mit einander auch die Standards erfüllt. Häufig entfallen bei dem System einige Aspekte, die das Wohlfühlen des Gastes beeinflussen (Vgl. Bieger, 2000, S. 291).
Darüber hinaus dauert es in der Regel, je nach Marketingaufwand, einige Jahre bis die Nachfrage auf ein neues Gütesiegel reagiert. Für ein umfassendes Marketing sind zu Beginn große Investitionen nötig, bis ein Siegel wirklich an Bekanntheit gewinnt. Auf dieser Grundlage ist es gerade in der Anfangsphase besonders schwierig, aber auch besonders wichtig Mitglieder zu finden, die an der Zertifizierung teilnehmen. Denn ohne Mitglieder ist die Vermarktung umso schwieriger (Vgl. Lund-Durlacher, 2007, S. 152). Jedoch genau dies ist nicht leicht. Wird ein neues Güte-

siegel eingeführt, bewerben sich hauptsächlich Unternehmen, die bereits viele Kriterien erfüllen, das Erlangen der Auszeichnung also relativ leicht für sie ist. Ist deren Anzahl nicht groß genug, um den Markt beeinflussen zu können, entsteht für andere Unternehmen kein Druck sich dem System anzuschließen und die Kriterien zu erfüllen. So dürfen Kriterien, zumindest zu nächst einmal, nicht zu hoch angesetzt sein, was wiederum die Abgrenzung von anderen Siegeln erschwert.

Allgemein lässt sich feststellen, dass bisher die Gütesiegelsysteme, die von öffentlichen Institutionen getragen werden, oder zumindest öffentliche Unterstützung bekommen einen höheren Bekanntheitsgrad und mehr Erfolg verzeichnen konnten als die Regierungsunabhängigen (Vgl. Lund-Durlacher, 2007, S. 147). Dies begründet sich darin, dass kaum ein Siegel kostendeckend arbeiten kann, wenn es das Ziel verfolgt auch kleinen und mittelständischen Betrieben die Teilnahme zu ermöglichen und so die Zertifizierungsgebühren niedriger halten muss, als sie der gesamte Prozess kostet. So ist die Teilnahme an vielen Siegelsystemen sehr kostenintensiv. Viele kleine Betriebe, die zwar die Kriterien erfüllen, sich die Akkreditierung jedoch nicht leisten können, werden zusätzlich in ihrer Marktposition geschwächt. Um einen Einfluss auf den gesamten Produktionsprozess der Destination zu haben, muss also ein Siegel angewendet werden, dass für alle touristischen Betriebe Orientierung bietet und von allen, akzeptiert bzw. erfüllt werden kann und jeweils angepasste Kriterien liefert. Dies können Siegel, die staatlich unterstützt werden, eher gewährleisten.

Hinzu kommt die im Laufe der Zeit entstandene Vielfalt von Gütesiegeln, die dem Endverbraucher die Nutzung als Orientierungshilfe erschwert. Verantwortlich für diese Entwicklung ist einerseits die durch das breite Angebot entstandene Notwendigkeit dem Kunden die Auswahl zu erleichtern. Andererseits die zuvor beschriebene Problematik der Kriterienfindung, für die jedes Siegel aufs Neue mäßig erfolgreiche Lösungsvorschläge umzusetzen versucht. Zu der Verwirrung trägt vor allem im deutschsprachigen Raum die Begriffsvielfalt bei. So wird der Nachfrager mit Siegel, Zeichen, Zertifikat, Güte, Label, Auszeichnung usw. konfrontiert. Dies erzeugt für die Abnehmer eine Unübersichtlichkeit, die zu einem Verlust der Glaubhaftigkeit und Alleinstellung geführt hat. Der Kunde muss sich theoretisch mit den einzelnen Kriterien jedes einzelnen Labels auseinandersetzten. Da er diesen Aufwand aber nicht bewältigen kann und meist vor allem nicht möchte, besteht die Gefahr der Gleichgültigkeit, oder sogar Ignoranz.

Um dem vorzubeugen und seinen Zweck erfüllen zu können, muss bei einem Gütesiegel leicht erkennbar sein, für was es steht, ein Vertrauen zu ihm und seine Bekanntheit gefördert werden. Es muss für jedes Unternehmen der Destination erwerbbar sein und ein umfangreiches Kontrollsystem aufweisen. Da dies für viele kleine Organisationen schwierig umsetzbar ist, sollte sich zu diesem Zweck, aber auch um der Problematik der Unübersichtlichkeit entgegenzuwirken, großen Zertifizierungssystemen angeschlossen werden, die Unterstützung in diesen Punkten bieten.

Bei einer aktiven Umsetzung ist ein Gütesiegel durchaus vorteilhaft. Es entstehen ein Abgrenzungsmerkmal und damit ein Wettbewerbsvorteil, der dazu veranlasst, dass sich weitere Unternehmen anschließen, wodurch sich langfristig ein gewisser Standard bzw. eine gewisse Ausrichtung innerhalb der gesamten Destination entwickelt. Damit erfüllt es, unter Beachtung dieser Aspekte, den, von der Destinationsverwaltung beabsichtigten, Zweck der Einflussnahme auf die touristische Entwicklung innerhalb der Destination.

3.6 Zusammenfassung

Die Vielschichtigkeit des touristischen Produktes Destination macht das Management zu einer komplexen, aber auch notwendigen Aufgabe, in deren Zentrum die Abstimmung der einzelnen Leistungsbestandteile aufeinander steht. So soll aus vielen einzelnen Leistungen bzw. Produkten ein einheitlich erscheinendes Gesamtprodukt werden, das als solches vom Kunden entsprechend wahrgenommen wird. Häufig übernimmt eine zentrale Tourismusorganisation diese führende Rolle. Erschwert wird die zur Erfüllung dieser zentralen Aufgabe notwendige Koordination jedoch durch die besonderen Macht- und Einflussverhältnisse zwischen der zentralen touristischen Organisation und ihren Mitgliedern bzw. den einzelnen Leistungsträgern.

Da mittlerweile stets neue Destinationen auf den Markt strömen und die Suche nach dem Neuen im Zeitalter des Individualismus zu befriedigen versuchen, werden die Kapazitäten und so die Konkurrenz in der Touristikbranche immer größer. So müssen sich die Destinationen durch ein individuelles, bestimmtes Image von anderen abgrenzen und stehen unter dem Druck mit den stets wachsenden Qualitätsstandards und Innovationen mithalten zu müssen. Sowohl zur Sicherstellung der gewünschten Standards, als auch für eine Einheitlichkeit des Gesamtbildes der Destination, muss die touristische Organisation als leitende Stelle im Rahmen des Destinationsmanagements Einfluss auf die touristische Entwicklung der Region zu nehmen. In diesem Zusammenhang muss die Einflussmacht der Reiseveranstalter der Quellländer berücksichtigt werden. Durch ihre Vermittlungsposition und ihre damit verbundenen hohen Absatzzahlen haben sie mehr Bedeutung für die einzelnen Leistungsträger, als ein einzelner Kunde. Weiterhin sind sie ein Werbeträger und ein wichtiges Instrument zur Kommunikation des Angebotes der Destination in den Quellländern.

Einfluss nehmen kann eine touristische Organisation einerseits durch eine möglichst starke Mitsprache bei politischen Entscheidungen und andererseits durch die Einflussnahme auf die Nachfrage und das Angebot. Durch ein entsprechendes Marketing sollte die Nachfrage auf destinationsspezifische Produkte gelenkt werden. Dies beeinflusst, nach dem Motto "die Nachfrage bestimmt das Angebot", auch die Angebotsgestaltung in der Destination. Eine geeignete Möglichkeit, um gleichzeitig diese beiden Elemente zu beeinflussen, sind die Gütesiegel, die touristische Leistungsträger auszeichnen, wenn sie bestimmte, erwünschte Standards erfüllen. Dem Kunden gibt dies die Möglichkeit die Qualität des vor Kauf nicht persönlich prüfbaren Produktes besser einschätzen zu können. Erhält ein Leistungsträger ein solches Siegel, kann er so ein stärkeres Vertrauen des Gastes erzeugen und das Siegel zu Marketingzwecken nutzen.

Das Instrument Gütesiegel weist jedoch noch zahlreiche Schwächen auf. Das größte Problem besteht wohl in der Unübersichtlichkeit, die die Funktion der Gütesiegel als Orientierungshilfe behindert und ohne vorherige, umfangreiche Informationssuche durch den Konsumenten fast unnutzbar macht. Diese Situation führt zu einem Desinteresse und Vertrauensverlust des Abnehmers. Die Unübersichtlichkeit entsteht durch eine Vielzahl an Gütesiegeln, vor allem auf dem deutschen Markt. Aber auch das Fehlen aussagekräftiger Kriterien und einer transparenten, aktiven Vermittlung an den Kunden sowie eines wirksamen Kontrollsystems, fördern die Situation. So lässt sich feststellen, dass noch viel getan werden muss, um den Einfluss dieses Instruments zu erhöhen, es aber durchaus Potenzial mit sich bringt und bei der steigenden Anzahl an touristischen Angeboten auch mehr und mehr notwendig wird.

Einheitliche, transparente und übersichtliche Strukturen, die möglichst weit anwendbar sind und trotzdem jedem einzelnen Produkt gerecht bzw. angepasst werden, sind die Voraussetzung für einen Erfolg. So müssen sich die vielen kleinen Siegel zu wenigen großen zusammenschließen, um zu ermöglichen vom Abnehmer überhaupt erkannt und als verlässlich angesehen zu werden. Diese wenigen großen Auszeichnungssysteme sollten einen aussagekräftigen und transparenten Kriterienkatalog aufweisen, dessen Inhalte aktiv an die Endabnehmer kommuniziert werden. Außerdem ist ein verlässliches Kontrollsystem, das die kontinuierliche Erfüllung dieser Kriterien prüft, unerlässlich. Die Implementierung eines verlässlichen Kontrollsystems ist sehr kosten- und zeitaufwendig und so nur durch große Zertifizierungssysteme umsetzbar.

Neben Zertifizierungen für besondere Qualitätsstandards sind die für eine nachhaltige oder ökologische Umsetzung des Tourismus besonders weit verbreitet. Auch das in Costa Rica implementierte Siegel verfolgt dieses Ziel. Auf Nachhaltigkeit im Tourismus und auf die Situation von Gütesiegeln für dieses Kriterium soll im nächsten Abschnitt genauer eingegangen werden..

4 Die Bedeutung von Nachhaltigkeit für eine Destination und deren Tourismuskonzept

Der Mensch beginnt durch nicht mehr zu übersehende Veränderungen auf der Welt mehr und mehr die Auswirkungen seines Handelns einzusehen. Hieraus werden jedoch noch nicht ausreichend Konsequenzen gezogen. Jede wirtschaftliche Tätigkeit ist mit einer Umweltbelastung und einem Risiko behaftet. Dies ist auch im Tourismus zu bemerken. Doch welche Möglichkeiten bestehen für einen verträglicheren Tourismus und wodurch kann ein tatsächlicher Wandel hervorgerufen werden? Die mittlerweile erreichte Einsicht, dass umweltgerechtes Wirtschaften nicht notwendigerweise und immer zu einer Kostensteigerung, sondern oft zu einer Kostenverringerung und evtl. sogar zu Wettbewerbsvorteilen führt, ist ein erster wichtiger Schritt. Doch auch soziale Auswirkungen und wirtschaftliche Aspekte müssen für ein erfolgreiches Konzept Beachtung finden. An dieser Stelle setzt das vielversprechende Prinzip einer Nachhaltigkeit im Tourismus an.

Für eine Umsetzung ist sowohl das Angebot als auch die Nachfrage von Bedeutung, denn nur durch ein Angebot kann die Nachfrage wachsen und nur durch die Nachfrage können die Leistungsträger ihre Angebote absetzen und sich nur so auf dem Markt halten. Aufgrund der Käufermarktsituation kann die Nachfrage wesentlich Druck auf die Lieferanten bzw. Leistungsträger ausüben, eine entsprechende nachhaltige Angebotsstruktur bereitzustellen. Möchte eine zentrale Tourismusorganisation Einfluss auf die nachhaltige Entwicklung der Destination nehmen, muss sie deshalb sowohl die Angebotsseite als auch die Nachfrageseite berücksichtigen und sensibilisieren. Vor diesem Hintergrund sind Gütesiegel für eine Nachhaltigkeit im Tourismus vor eine besondere Situation gestellt. Sie wollen einerseits Auskunft geben über Inhalte und Qualitätsstandards der Angebotsseite und damit eine Orientierung für die Nachfrage schaffen, um dieser dann die Möglichkeit zu geben, durch entsprechende Reaktionen (z.B. generelle Erhöhung der Nachfrage oder Stärkung der Nachfrage nach bestimmten Qualitätsausprägungen) wiederum auf die Angebotsseite einzuwirken. Diesen Kreislauf zu einer Spirale zu machen, die immer höhere Ebenen der Nachhaltigkeit in Qualität und Quantität erreicht, ist die große Chance von Gütesiegeln.

4.1 Nachhaltigkeit im Tourismus

Traditionell wurden im Tourismus kurzfristige Gewinne verfolgt. Dabei wurde nicht gesehen, dass diese nur von kurzer Dauer sein werden, da die wichtigsten Ressourcen für dieses Produkt, wie die Natur und Kultur der Destination durch deren intensiven Gebrauch zerstört werden. Die touristische Aktivität zerstörte so häufig ihre eigene Grundlage. Nachhaltigkeit verfolgt eine gleichermaßen wirtschaftlich ergiebige, sozial verantwortliche und umweltverträgliche Entwicklung des Tourismus. Diese drei Teilbereiche werden häufig als drei Säulen bezeichnet. Die Konzeption verfolgt einen langfristigen wirtschaftlichen Nutzen, bei dem Obergrenzen nicht überschritten bzw. wirtschaftlichen Sachzwängen nicht nachgegeben werden.

Seinen Ursprung hat der Nachhaltigkeitsgedanke in der Forstwirtschaft. Bereits Anfang des 19 Jahrhunderts wurde er zum Leitprinzip des Waldbaus. 1992 wurde das Sustainable-Development-Konzept dann auf der Rio-Konferenz in alle Deklarationen und Konventionen aufgenommen und die Agenda 21 verabschiedet, die auf die Vernetzung ökologischer, sozialer und wirtschaftlicher Entwicklungsfaktoren angelegt ist. So soll mit einem Sustainable Development eine Entwicklung erreicht werden, "die die Bedürfnisse der Gegenwart befriedigt, ohne zu riskieren, dass künftige Generationen ihre eigenen Bedürfnisse nicht befriedigen können" (Baumgartner, 1998, S. 17). "Beim nachhaltigen Wirtschaften lebt man also vom Zins und nicht vom Kapital" (Kirstges, 2003, S. 164). Der facettenreiche, komplexe und bisher vielfach noch auf kurzfristigen Gewinn - wie viele andere wirtschaftliche Aktivitäten auch – ausgerichtete touristische Sektor erschwert durch seine Vielzahl an zusammenspielenden Faktoren jedoch eine konsequente Umsetzung dieses Konzepts.

4 Die Bedeutung von Nachhaltigkeit für eine Destination und deren Tourismuskonzept

Nachhaltigkeit im Tourismus, sowie in anderen Wirtschaftszweigen, umfasst drei miteinander verknüpfte Aspekte: ökologisch tragbar, wirtschaftlich, sozial und kulturell gerecht. Nachhaltigkeit verlangt Beständigkeit und Langfristigkeit. Um dies zu erreichen, müssen Ressourcen optimal genutzt werden und negative soziale und kulturelle Auswirkungen so gering wie möglich gehalten werden. Der Gewinn für die lokale Bevölkerung und die Erhaltung der Gegebenheiten soll möglichst weit gesteigert werden. Im Detail bedeutet dies:

Bedürfnisse der lokalen Gastgebergemeinden werden berücksichtigt und deren Lebensstandard und –qualität durch die touristische Aktivität verbessert, finanzielle Vorteile entstehen vorrangig bei der lokalen Bevölkerung und sind gleichmäßig innerhalb dieser verteilt, es wird Respekt gegenüber kulturellen Sitten und Bräuchen des Zielgebiets erwiesen und eine kommerzielle Ausbeutung dieser vermieden

Jedoch soll das Prinzip der Nachhaltigkeit nicht gegen das Prinzip der Wirtschaftlichkeit sprechen. Nur werden die Bedürfnisse der Touristen und der Tourismuswirtschaft mit dem Prinzip der Ressourcenschonung verbunden und die eigenen Grundlagen der touristischen Aktivität nicht zerstört. So soll die wirtschaftliche Basis des Tourismus langfristig auch gerade für die nationale Bevölkerung genutzt werden.

Umweltressourcen werden geschützt und eine ökologische Tragfähigkeit berücksichtigt, eine Erhaltung der Biodiversität und ein Umweltbewusstsein wird gefördert, unter anderem da dies essenziell ist, um die beiden zuvor genannten Ziele zu erreichen.

Häufig wird dieses Konzept mit "Nachhaltigem Tourismus" bezeichnet. In dieser Arbeit wird allerdings ganz bewusst der Ausdruck "Nachhaltigkeit im Tourismus" verwandt, da ein Tourismus immer Auswirkungen auf sein Umfeld hat, diese nur möglichst gering halten, aber niemals durch und durch nachhaltig sein kann. Egal ob typischer Pauschal-, bekennender Alternativ- oder umweltbewusster Ökotourist – alle hinterlassen ihre Spuren in den entsprechenden Destinationen bzw. schon auf ihrem Weg dorthin. Maximalisten vertreten sogar die Meinung, dass nur der nicht stattfindende Tourismus ein verträglicher sei, da selbst nachhaltige Konzepte in der Masse angewandt, zu Problemen führen. Nachvollziehbar sind ihre Gedanken, realistisch ist dies in der globalisierten und mobilen Welt von heute jedoch nicht. Man müsste das Reisen verbieten, was in einer freiheitlichen Gesellschaftsform wie unserer jedoch nicht möglich ist. In diesem Zusammenhang soll deutlich gemacht werden, dass der traditionelle Massentourismus auch nachhaltig wirken kann, da er durch die Bedienung der immer gleichen Zielgebiete die Masse von noch unzerstörten Orten fernhält. "Sanfter Tourismus wird oft sogar als der schädlichste angesehen. Sogenannte sanfte Touristen streben nach immer neuen, unentdeckten Regionen. Negative Einflüsse werden somit nicht vermindert, sondern räumlich verbreitet" (Kirstges, 2001, S. 178). Den Entdeckern des Neuen folgen dann leider nur zu häufig nach und nach immer mehr auch die Massen und die Voraussetzungen für eine Nachhaltigkeit im Tourismus werden zerstört. Auch Costa Rica, noch immer bekannt als nachhaltige Destination, steht vor dem Zwiespalt zwischen wirtschaftlichen Vorteilen und eigentlich notwendiger Beschränkung der Besucherzahlen. Die immer bessere Erreichbarkeit des Landes und eine immer besser ausgebaute Infrastruktur fördern die steigenden Zahlen bei den Touristenankünften.

Eine weitere Schwierigkeit einer konsequenten Implementierung dieses Konzeptes ist in seiner Entwicklung zu finden. Den seit nun über einem viertel Jahrhundert deutlich werdenden negativen Auswirkungen des Reisens wurden im Laufe der Jahre verschiedene Ansätze mit verschiedenen Bezeichnungen gegenübergestellt, die jedoch alle keine umfassende Lösung darstellten. So wird noch heute von Ökotourismus, sanftem Tourismus, integrativem Tourismus und vielen mehr gesprochen, wobei jedoch die Zielsetzungen jeweilig unterschiedlich gewichtet werden. Ökotourismus soll hauptsächlich umweltgerecht sein, wobei sanfter Tourismus auch soziale Aspekte beachten möchte. Dementsprechend gestalten sich die Produkte teilweise auch unterschiedlich. Dem Laien sind die expliziten Unterschiede dieser Prinzipien nicht bewusst und bekommt allenfalls deren allgemein geringe Wirksamkeit zu spüren. Die so entstandene Skepsis der Reisenden erschwert die Umsetzung des Prinzips.

Diese Problematiken zeigen, dass das Konzept der nachhaltigen Entwicklung auch kontraproduktive Wirkungen aufweisen kann, und es wird deutlich, dass es noch immer am Beginn seiner Entwicklung steht. So steht die Tourismusindustrie vor der Herausforderung massentaugliche Konzepte zu entwickeln, die die überaus negativen Auswirkungen verhindern (Vgl. Hopfenbeck, 1993, S. 94). Solche Konzepte werden häufig von Tourismusorganisationen der jeweiligen Destinationen entworfen.

In diesem Zusammenhang spielt die Berechnung der Belastbarkeitsgrenze einer Region eine bedeutende Rolle. Die negativen Auswirkungen dominieren, wenn die Anzahl der Besucher einen bestimmten Wendepunkt überschreitet, ab dem die positiven Auswirkungen mit steigendem Besucheraufkommen progressiv abnehmen. Die Verluste der positiven Auswirkungen können sich in Form von Image- und Qualitätsverlusten der Attraktion zeigen, die durch eine zu hohe Besucherzahl entstehen, aber auch durch Veränderungen der lokalen Umwelt in sozialer, kultureller und ökologischer Hinsicht (Vgl. Hopfenbeck, 1993, S. 51). So wurden in einigen Zielgebieten maximale Besucherzahlen festgelegt und Maßnahmen zur Kapazitätsbegrenzung versucht. Hierzu zählt z.B. die Beschränkung der Bettenzahlen oder eine Steigerung des Preises, die eine umstrittene Alternative darstellt, da hierbei ein Zwei-Klassen-Tourismus entstehen würde, der ebenso wie Verbote, die Reisefreiheit auf eine nicht legitime Weise einschränken würde. (Vgl. Hopfenbeck, 1993, S. 264). Diese Belastbarkeitsgrenzen werden auch allgemeinüblich als Carrying Capacity bezeichnet. Dieser Ansatz stammt ursprünglich aus Betrachtungen der Tierbevölkerung, die ein nötiges Gleichgewicht zwischen der Anzahl der Tiere und der verfügbaren Ressourcen, wie z.B. Gras feststellt. Sowohl die Regierung, die Reiseveranstalter als auch die lokalen Tourismusunternehmen sollten diese Belastungsgrenze respektieren, fördern und durch Informationen ein Verständnis der Besucher erwirken.

"15 Jahren nach dem Weltklimagipfel in Rio, wo der Begriff *Nachhaltigkeit* in den globalen Diskurs eingeführt wurde, wird er in weiten Wirtschaftskreisen noch immer als eine Provokation im Sinne antikapitalistischer Ideologie verstanden. Die heimische Tourismusbranche ist gespalten: ein kleiner Teil nimmt die Herausforderung an, der größere andere reagiert mit Öko-Marketing und Etikettenschwindel" (Luger, 2007, S. 127). Teilweise ist die Verfolgung dieses Konzepts jedoch in der Tat keine Floskel mehr, sondern ein ernst gemeinter Bewusstseinswandel (Vgl. Althof, 2000, S. 188). Um das Vertrauen der Endabnehmer nicht zu verlieren, muss so stets verdeutlicht werden, wofür der Begriff der Nachhaltigkeit genau steht. Denn nicht zu verachten ist auch die Tatsache, dass der Reisende selbst ein wichtiger Akteur bei der Umsetzung einer Nachhaltigkeit im Tourismus ist, den es aktiv von Seiten der Tourismusbranche bezüglich seines Verhaltens zu beeinflussen gilt. Um eine reale Nachhaltigkeit im Tourismus zu erreichen, müssen also sowohl die Reisenden, als auch die Branche selbst weiter sensibilisiert werden und Lösungen vorgeschlagen bekommen. In diesem Zusammenhang sieht Kirstges einen wesentlichen Anteil zu einer Erreichbarkeit einer Nachhaltigkeit im Tourismus in internationalen Zertifizierungssystemen, wie dem Green Globe 21(Vgl. Kirstges, 2001, S. 180).

4.2 Nachfragesituation nach Nachhaltigkeit im Tourismus

Wie schon in 4.1 erwähnt ist die Angebotsgestaltung stark von der Nachfrage beeinflusst. Reiseangebote haben am Markt nur dann Erfolg, wenn sie die Erwartungen, Wünsche und Bedürfnisse von Urlaubern optimal erfüllen. Die Erwartungen und Bedürfnisse der Reisenden sind kulturell teilweise sehr unterschiedlich. In diesem Kapitel soll beispielhaft die Nachfrage der Deutschen nach Nachhaltigkeit im Tourismus dargestellt werden. Grundlage für die Betrachtung der Nachfrageseite sollen einige bereits durchgeführte Studien sein.

So stellt z.B. Aderhold in seiner Studie[2] fest, dass bei den deutschen Entwicklungsländerreisenden (eines der bedeutendsten Quellländer für Entwicklungsländer) ein sehr hohes Bewusstsein und Interesse für die Wirkung ihres Verhaltens zu finden ist, mehr als dies bei den Vertretern der Branche selbst zu bemerken ist (Vgl. Aderhold, 2006, S. XVI). Kösterke und von Laßberg stellen bei ihrer Untersuchung[3] fest, dass die deutsche Bevölkerung für Umweltfragen im Zusammenhang mit Urlaubsreisen durchaus ansprechbar ist. Einen finanziellen Beitrag zum Schutz des Zielgebietes sind genau wie 1997 ca. die Hälfte bereit zu zahlen. Gleichzeitig finden sie in ihrer Untersuchung heraus, dass das Thema Umwelt trotz der allgemeinen Ansprechbarkeit der Bevölkerung in der Öffentlichkeit an Aktualität und Brisanz verloren hat und sich daneben ein Nachhaltigkeitsbewusstsein, bei dem es um fairen Nord-Süd-Handel und soziale Gerechtigkeit geht, entwickelt (Vgl. Kösterke, 2005, S. 3). In diesem Zusammenhang ist auch eine Ansprechbarkeit für einen respektvollen Umgang mit Sitten und Traditionen der Bevölkerung in den Zielgebieten zu erkennen. Aderhold bemerkt in seiner Studie, dass vor allem Fernzielreisende stärker an Kontakten mit den Einheimischen, Erlebnissen, Bildung und Natur interessiert sind (Vgl. Aderhold, 2006, S. XIV). Diese Studie, aber auch die meisten anderen stellen fest, dass eine An-

---

2 Die Studie von 2006 für den Studienkreis für Tourismus und Entwicklung e.V. ist eine Fortführung der gleichnamigen Studie von 2000 Tourismus in Entwicklungsländern. Das Ziel der Studie sind Zielgruppenbeobachtungen der Entwicklungsländerreisenden, Qualitative und Quantitative Beobachtungen der Entwicklung, Perspektiven des Tourismus in Entwicklungsländern und positive Beispiele aufzuzeigen. Da Costa Rica auch in diese Kategorie fällt ist diese Studie im Interesse der Arbeit (Vgl. Aderhold, 2006).

3 In ihrer Studie von 2005 für den Studienkreis für Tourismus und Entwicklung e.V., die im Rahmen der Datenerhebung der Reiseanalyse 2004 erfolgte, haben Kösterke und von Laßberg 12 Statements formuliert, denen die Befragten in unterschiedlicher Intensität zustimmen oder nicht zustimmen konnten. Die Statements umfassen Aspekte, die die Wichtigkeit von sozialen und ökologischen Aspekten für das Empfinden vor Ort abdecken, wie wichtig diese für die Reisezielentscheidung sind und wie bedeutend ein entsprechendes Engagement der Reisebüros und Veranstalter für die Kunden ist und wie hoch die persönliche Bereitschaft zu Opfern ist. Das Projekt ist eine Fortführung einer in 1997 durchgeführten Untersuchung, der vergleichbare Fragestellungen zu Grunde lagen (Vgl. Kösterke, 2005).

sprechbarkeit von verschiedenen Reisemotivationen, die durch verschiedene soziale Vorraussetzungen, Lebensphasen und Lebensstile entstehen, abhängig ist. Auf dieser Grundlage ermitteln fast alle verschiedenen Urlaubertypologien und kommen zu dem Schluss, dass vor allem die Natur- und Aktivurlauber, die Kulturreisenden und die unkonventionellen Entdecker auf Nachhaltigkeitsaspekte ansprechbar sind. Diese stellen ca. 30% der Gesamturlauber dar. Kösterke und von Laßberg sind der Meinung, dass auch die weniger ansprechbaren Gruppen mehr sensibilisiert werden sollten. Vor allem im Bezug auf Jugendliche sei dies sehr vielversprechend (Vgl. Kösterke, 2005, S. 86). Diese Schlussfolgerung zieht auch die Studie von Invent[4], da sie feststellt, dass nur ca. 30 % der Urlauber für Nachhaltigkeitsaspekte ansprechbar sind. Für die nicht ansprechbaren Reisetypen müssten Angebote geschaffen werden, die zwar eine Nachhaltigkeit berücksichtigen, dies aber mehr unbemerkt tun, und keine Unbequemlichkeiten zur Folge hätten (Vgl. Invent, 2005, S. 31).
Neben den verschiedenen Urlaubertypologien lässt sich aber auch allgemein feststellen, dass es durch eine zunehmende Reiseerfahrung zu einer Anspruchsinflation und Bedürfnisdifferenzierung kommt. Außerdem führt die allgemeine Entwicklung der Werte einer stärkeren Individualisierung, zu einem stärkeren ökologischen Bewusstsein und zu multifunktionalen Urlaubsmotiven, wie Gesundheit und Spaß gleichzeitig.
Vor diesem Hintergrund ist insgesamt ein Wachstum innerhalb der Branche des nachhaltigen Tourismus zu verzeichnen, was eine Reihe von Fachartikeln belegen. Die FVW schreibt im Sommer 2007 z.B., dass Ökoveranstalter zweistellige Wachstumsraten verzeichneten (Vgl. Holzapfel, 2007, S. 62). Aber auch die Schwerpunktlegung der verschiedenen Foren auf Fachmessen zeigt das gestiegene Interesse. Dementsprechend beschäftigte sich auch das Forum Lateinamerika auf der diesjährigen ITB (im März 2008) mit dem Thema Sozialverträglichkeit und Ökologie im

4 Diese Studie wurde von Invent zur Analyse der Ausgangssituation für ihr Projekt "Innovative Vermarktungskonzepte nachhaltiger Tourismusangebote für den Massenmarkt" durchgeführt. Die Analyse hatte zum Ziel die Erwartungen und Bedürfnisse von Urlaubern im Massenmarkt zu ermitteln. Dazu wurden Ende 2003 über 2000 Personen befragt (Vgl. Invent, 2005).

Tourismus. Trotz konjunktureller Bedeutungsentwicklung halten immer wieder wechselnde Schlagwörter dieses Thema in der Öffentlichkeit auf einem moderaten Wachstumspfad, und eine Entwicklung zu mehr Bewusstsein bezüglich unseres Handelns sowie eine moralische Betrachtung von diesem, ist zu bemerken. Von Waldsterben, über Ozonloch und Treibhauseffekt ist es nun der Klimawandel, der die Menschen zur Vorsicht und einer kritischen Betrachtung unseres Handelns bringt, aber auch den Markt des nachhaltigen Tourismus begünstigt. "Seit der Klimawandel die Schlagzeilen bestimmt, rücken Nischenanbieter in den Blickpunkt" (o.V., 2007a, S. 25).

Die oft positiven Ergebnisse der oben genannten Studien bezüglich der Werte der Reisenden wirken sich jedoch nur selten auf das tatsächliche Kaufverhalten der Urlaubsreisenden aus. Dies könnte in der Tatsache begründet sein, dass in den meisten Befragungen explizit nach Umwelt- und Sozialaspekten gefragt wird, die in heutiger Zeit vielfach als wünschenswert angesehen werden, solange sie kein eigenes, unbequemes Zutun erfordern. (Vgl. Lund-Durlacher, 2007, S. 151) Bequemlichkeit, Zeitaufwand, das Unterschätzen der Auswirkungen des eigenen Handelns, Gedankenlosigkeit und höhere Kosten sind die häufigsten Faktoren, die ein umweltbewusstes Verhalten verhindern. "...up to one half of those who claim to embrace green values never transfer these beliefs into their consumer behaviour" (Sharpley, 2001, S. 44). Prinzipiell sind Menschen instinktiv jedoch empfänglich für Belange, wie z.B. der Natur oder von Kindern. Viele Menschen erleben gerne die Natur und halten sich gerne in einer solchen Umgebung auf. Aber auch das Kindchenschema spielt eine Rolle, weshalb wir bereit sind vor allem für Kinder persönliche Opfer zu bringen. Hier kann also ein vielversprechendes Marketing ansetzen. Aber auch unmittelbare Vorteile, wie z.B. für die Gesundheit wirken verkaufsfördernd. Vielfach wird Gesundheit instinktiv mit Umwelt verbunden. Diese Tatsache sollte zur Förderung einer Nachhaltigkeit im Tourismus genutzt werden.

Zusammenfassend lässt sich also durchaus eine steigende Nachfrage, wenn auch bisher noch von einer kleinen Gruppe der deutschen Reisenden, nach nachhaltig konzipierten touristischen Produkten feststellen. Durch diese positive Nachfragesituation bieten sich also eine Abgrenzung bzw. Positionierung im nachhaltigen Sektor an. Vor allem für weit entfernte Ziele und die, die Natur und Aktivität bieten, ist dies besonders erfolgversprechend, da diese im zentralen Interesse der ansprechbaren Reisetypen liegen.

4.3 Gütesiegel im nachhaltigen Tourismus

Das Marktsegment des nachhaltigen Tourismus ist bislang für die Nachfrageseite sehr unübersichtlich. Auf Grund der Beschaffenheit des touristischen Produktes einerseits und wegen der verschiedenen Ausprägungs- und Erscheinungsformen eines nachhaltigen Tourismus andererseits ist es ein sehr komplexer Angebotsbereich. Darüber hinaus sind die Informationen über die Kriterien und die damit verbundenen Wertvorstellungen, die einen nachhaltigen Tourismus ausmachen, bislang noch nicht einheitlich und allgemein verständlich formuliert bzw. publiziert. Noch gibt es keine breitgefächerten Informations- und Marketingkampagnen, die einen weiten Teil der Touristen erreichen (Vgl. Nusser, 2007, S. 29). Eine sorgfältige Aufklärung ist also sehr förderlich für die Umsetzung eines auf Nachhaltigkeit ausgerichteten Konzeptes. Ein transparentes und verlässliches System, dass die Komplexität des Tourismus überschaubar macht, ist für die Erreichung einer Nachhaltigkeit im Tourismus unverzichtbar.

Systeme zur Zertifizierung nachhaltiger Tourismusangebote versuchen hier anzusetzen und Abhilfe zu schaffen. Gütesiegel verfolgen das Ziel dem Kunden eine transparente und allgemein verständliche Kennzeichnung zu bieten. Neben dieser Hauptintention stellen Auszeichnungssysteme für die touristischen Leistungsträger aber auch eine Orientierungshilfe bzw. einen Leitfaden dar, um ihren Betrieb im Bezug auf umwelt- und sozialverträgliches Handeln zu verbessern, und können für diese motivierend sein, ihr Unternehmen in diese Richtung zu entwickeln. Zertifizierungen können in diesem Zusammenhang ein Marketinginstrument sein, das dem Kunden diese Bestrebungen verdeutlicht. Dabei gibt es

Gütesiegel, die mit vorgegebenen Kriterien arbeiten, die die teilnehmenden Unternehmen zu erfüllen haben, also statisch und ergebnisorientiert ausgerichtet sind. Andere verfolgen einen dynamischen und prozessorientierten Ansatz, sie verlangen eine stetige Entwicklung der Unternehmen bzw. deren Produkte hin zu mehr Nachhaltigkeit verlangen, ohne konkrete Zielvorgaben zu machen (Vgl. Lund-Durlacher, 2007, S. 145).

Seit Anfang der 80-er Jahre gewinnen Zertifizierungssysteme, vor allem Umweltgütesiegel, im nachhaltigen Tourismus an Bedeutung, da sich damals ein starkes Umweltbewusstsein zu entwickeln begann. Jedoch enthalten sie aufgrund der starken Umweltorientierung nur wenige Aspekte der sozialen Verantwortung. Wie viele Siegel und Auszeichnungen es mittlerweile genau gibt, ist schwer festzustellen. Ständig kommen neue hinzu oder alte werden eingestellt. Schätzungen gehen davon aus, dass es ca. 46 Umweltzeichen und Wettbewerbe, 19 davon in Deutschland, gibt. So ist auch hier die allgemeine und sich negativ auswirkende Unübersichtlichkeit für den Verbraucher festzustellen (Vgl. Lund-Durlacher, 2007, S.143 - 144). Im Folgenden sollen einige regionale, nationale, kontinentale und internationale Beispiele genannt werden.

Eines der ersten und erfolgreichsten ist das europäische Umweltgütesiegel "die Blaue Flagge". Die Blaue Flagge zertifiziert seit 1987 Badestellen und Sportboothäfen nach deren Wasser- und Sauberkeitszustand, aber auch nach Umweltmanagement und Umweltkommunikation, sowie Sicherheit (Vgl. Deutsche Gesellschaft für Umwelterziehung, 2008). Die einzelnen Orte erhalten diese Auszeichnung immer für nur ein Jahr und müssen sie sich stets aufs Neue verdienen. Wirklich erfolgreich wurde das Siegel erst, als zu den Kriterien der Umwelt noch Gesundheits- und Sicherheitsstandards mit aufgenommen wurde. Nun sahen die Reisenden auch einen direkten Nutzen für sich selbst in dem Siegel. So sind derzeit 3260 Blaue Flaggen international vergeben (Vgl. Deutsche Gesellschaft für Umwelterziehung, 2008a).

Große Bekanntheit, aber wenig Erfolg erlangte auch das Siegel "Grüner Koffer". Das Umweltzertifikat des Verbandes Ökologischer Tourismus in Europa (ÖTE), das ab 1991 umwelt- und sozialverträgliche Angebote von

Unterkünften, Zielgebieten und Reiseveranstaltern in Deutschland auszeichnen sollte, jedoch starken Widerstand aus der Tourismuswirtschaft erfuhr (Vgl. Eco-World, 2008). Durch das Bundesumweltministerium, mit Unterstützung verschiedener Tourismusorganisationen, Umwelt- und Verbraucherinitiativen, wie u.a. dem ÖTE wurde 2001 dann die Dachmarke Viabono gegründet. Mit der Etablierung einer Dachmarke soll die Nachfrage nach ökologischen Reiseangeboten verstärkt werden und den Mitgliedern Wettbewerbsvorteile verschafft werden (Vgl. Viabono, o.J.).
Um der Problematik der Unübersichtlichkeit entgegen zu treten, gründete sich 2001 die europäische Initiative VISIT mit dem Ziel die Zusammenarbeit zwischen den Zertifizierungssystemen zu verbessern, Effizienz und Effektivität der Programme zu steigern und ein gemeinsames Marketing durchzuführen, um damit die Transparenz auf dem touristischen Markt zu fördern (Vgl. Visit, o.J.). Gleichzeitig wurde 2003 von Rainforest Alliance das panamerikanische STSC (Sustainable Tourism Stewardship Council) gegründet, das genau wie VISIT kein eigenes Label darstellt, sondern schon bestehende Siegel bei Übereinstimmung mit ihren eigenen Kriterien anerkennt und aufnimmt. Mit dem daraus entstandenen Netzwerk möchte die Rainforest Alliance touristischen Unternehmen die Möglichkeit geben von einander zu lernen (Vgl. Rainforest Alliance, 2008).
Den ersten Versuch eines international arbeitenden Gütesiegelsystems machte 1994 Green Globe 21, das als Konsequenz auf die 1992 in Rio verabschiedete Agenda 21 gegründet wurde. Es wurde jedoch zu Beginn wegen seiner wenig definierten Kriterien stark kritisiert. So konnte es erst Ende der 90er, durch einen neuen Kriterienkatalog, der über Umweltaspekte hinaus auch sozioökonomische und kulturelle berücksichtigte, Anerkennung erreichen. Die Kosten für Unternehmen und Destinationen sind vergleichsweise gering. Der Zertifizierungsprozess ist aber sehr langwierig, so wird dem Unternehmen während der Zertifizierung erlaubt das Logo des Green Globe zu verwenden, erst nach Abschluss der Zertifizierung erhält es jedoch die Berechtigung des endgültigen Siegels, dass mit einem Häkchen versehen ist (Vgl. Lund-Durlacher, 2007, S.143 - 144).

Obwohl Gütesiegel Marketing- und Imagevorteile versprechen ist die Nachfrage seitens der touristischen Leistungsträger eher klein und die Effektivität wird eher als gering eingeschätzt. Auch bei Reiseveranstaltern sind in den Katalogen bei den angebotenen Produkten selten Gütesiegel zu finden, wodurch vielen Reisenden die Existenz solcher Auszeichnungen gar nicht bekannt ist. Gründe hierfür liegen in einer fehlenden einheitlichen Definition der Kriterien, in der fehlenden Messbarkeit dieser und in deren nicht gegebener Nachprüfbarkeit. Aber auch die Vielzahl und die verschiedenen Geltungsbereiche der Siegel, ob regional, national oder international, führen zu Verwirrung und hemmen damit die Akzeptanz. Den meisten fehlt es zudem an einem intensiven und umfassenden Marketing, um sich aus dem Durcheinander hervorzuheben und vom Kunden wahrgenommen zu werden. So besitzen weder die Siegel selbst noch deren Anbieter besondere Bekanntheit (Vgl. Nusser, 2007, S. 29). Gründe für den geringen Einsatz in diesem Bereich sind meist in finanzieller Hinsicht zu finden. Zertifizierungssysteme sind, wie bereits in 3.5.2 dargestellt häufig in einer schwachen finanziellen Situation, so dass sie hohe Marketing Aufwendungen nicht tragen können. Hinzu kommt häufig fehlendes Fachwissen im Marketingbereich (Vgl. Lund-Durlacher, 2007, S. 154). So gilt es auch im Bereich der auf Nachhaltigkeit im Tourismus ausgerichteten Zertifizierungssysteme internationale Bestrebungen, wie die des Green Globe zu fördern, die diese Problematik ausgleichen könnten. Hierbei muss jedoch berücksichtigt bleiben, dass es zwar auf der einen Seite allgemein gültige Kriterien braucht, auf der anderen aber auch Destinationsspezifische, um jedem Zielgebiet gerecht werden zu können. Internationale Zusammenschlüsse bieten darüber hinaus die Möglichkeit für eine allgemeingültigere Informationsplattform für die Kunden. Dies ist ein sehr bedeutender Faktor, da z.B. die Studie von Nusser[5] festgestellt hat, dass sich viele der Befragten schlecht über Gütesiegel informiert fühlen.

5 Die Studie wurde 2007 mit dem Titel "Nachhaltiger Tourismus – Bewusst Konsumierende als vielversprechende Zielgruppe" veröffentlicht (Vgl. Nusser, 2007).

Außerdem treffen Ecolabels auf eine eingeschränkte Resonanz, da die Reisenden dem Alltag und der Verantwortung entfliehen und entspannen möchten, anstatt sich mit Problematiken auseinanderzusetzen. Dies aber auch die fehlende Marktorientierung bei der Gestaltung der Kriterien führen dazu, dass selbst die informierten Touristen, die sich für eine Nachhaltigkeit im Tourismus aussprechen, wenig auf diese Labels ansprechen. Auch hier muss dem Endverbraucher ein persönlicher Zusatznutzen dargestellt werden, um eine Akzeptanz zu erreichen. Wichtige Bedürfnisse der Reisenden, wie Sicherheit, Gesundheit und Qualität werden nur selten berücksichtigt. Das beste Beispiel bietet hier der Lebensmittelmarkt. Das Kaufen von alternativen Produkten verhindert nicht nur die Ausbeutung von Ressourcen, oder armen Ländern, sondern verspricht auch einen höheren gesundheitlichen Wert.

Aufgrund dieser Problematik konnten sich Gütesiegel bisher nicht als erfolgreiche Marketinginstrumente etablieren. Durchaus sehen die Mitglieder jedoch Vorteile in ihrer Teilnahme. Sie konnten durch die Umsetzung der Kriterien in Bezug auf Maßnahmen zur Ressourcenschonung Kosten einsparen, die die Zertifizierungskosten übertreffen. Außerdem konnten sie ihre Kenntnisse und Fähigkeiten und die der Mitarbeiter durch wichtige Informationen und Hilfestellungen zur Umsetzungen eines nachhaltigen Konzeptes erweitern. Dies und die mit der Zertifizierung verbundenen Steigerung der Produktqualität bewirkt eine erhöhte Kundenzufriedenheit und eine erhöhtes Aufkommen an Wiederholungsbuchungen der meisten Teilnehmer, eine direkte Absatzsteigerung durch die Kennzeichnung mit dem jeweiligen Siegel können jedoch nur wenige verzeichnen (Vgl. Lund-Durlacher, 2007, S. 150). Auch, wenn die Labels selbst die Kaufentscheidung nicht beeinflussen, so tragen sie doch dazu bei durch ihre Präsenz das Bewusstsein der Reisenden zu aktivieren und zu fördern. Langfristig kann dies auch die Nachfrage nach diesen Produkten und damit nach deren Verlässlichkeit, ausgewiesen durch Siegel, erhöhen.

Aufgrund der Schwächen, die Gütesiegel der Nachhaltigkeit, aufweisen wird eine erfolgreiche Zukunft in internationalen Netzwerken gesehen.

Bisher gibt es jedoch sehr wenige und die, die es gibt, sind nicht von Organisationen initiiert, die genug Kraft haben sich durchzusetzen. Durch Veränderungen im allgemeinen Tourismussektor und durch die fortschreitende Globalisierung ist es allerdings sehr wahrscheinlich, dass internationale Gütesiegel für Nachhaltigkeit im Tourismus an Bedeutung gewinnen (Vgl. Kahlenborn, 2001, S. 256). "Wenn solche und andere Initiativen noch bekannter und damit auch stärker genutzt würden, könnte sich daraus eine eigene Dynamik entwickeln, die eine "Sogwirkung" auf andere Anbieter hat und im Sinne von "good practice" zu einem sich selbst verstärkenden Trend wird" (Kösterke, 2005, S. 2005).

4.4 Zusammenfassung

Unter den deutschen Reisenden, vor allem den Fernreisenden, Aktivreisenden und Naturreisenden, ist je nach Lebensstil, Reiseerfahrung und Lebenssituation eine Ansprechbarkeit auf Aspekte der Nachhaltigkeit festzustellen. Doch nur selten äußert sich dies in ihrem aktiven Verhalten. Gründe hierfür sind Bequemlichkeit, fehlende Information und eine Orientierungslosigkeit bezüglich der Angebote. Hier setzen Gütesiegelsysteme für Nachhaltigkeit im Tourismus an. Aufgrund der steigenden Sensibilisierung ist davon auszugehen, dass die Nachfrage nach verantwortungsbewussten Reisen und damit auch nach Gütesiegeln für diese steigt. Doch allein die Anstrengungen der Gründerinitiativen, die stark darum kämpfen, die Bekanntheit der Gütesiegel beim Konsumenten zu erhöhen, reicht nicht aus. Das Marketing muss intensiviert werden und internationale Bestrebungen und Ausrichtungen müssen verstärkt werden. Aus dieser Problemstellung heraus ergibt sich das Ziel dieser Arbeit. Diese Aussagen zu überprüfen und Handlungsempfehlungen zur Steigerung der Wirksamkeit der Gütesiegel, im Speziellen für das des ICTs, zu geben ist Absicht der folgenden Kapitel.

5 Die Einflussmacht des Nachhaltigkeitszertifikates CST des ICT auf die touristische Entwicklung Costa Ricas

Der vorige Abschnitt hat viele Problematiken mit Gütesiegeln im nachhaltigen Tourismus dargestellt. Im Folgenden stellt dieses Kapitel nun im Detail das costaricanische Gütesiegel, das Certificado para una Sostenibilidad Turística1 des Costaricanischen Institutes für Tourismus vor. Um deutlich zu machen, welche Einflussmacht dieses Zertifizierungssystem auf die touristische Entwicklung und die Umsetzung des Entwicklungsplans des Landes hat, soll dargelegt werden welche Bedeutung es sowohl auf der Nachfrage- als auch auf der Angebotsseite hat. Wie bereits dargestellt, kann ein Einfluss nur dann ausgeübt werden, wenn diese beiden Seiten eine hohe Akzeptanz gegenüber dem Siegel aufweisen. Für ein umfassendes Verständnis für die Situation, in der sich das Zertifizierungsprogramm befindet, wird zuerst das ICT (Instituto Costarricense de Turismo) sowie sein touristischer Entwicklungsplan und dann das Programm selbst sowie seine Akzeptanz bei den Leistungsträgern vorgestellt. Die Ergebnisse einiger Expertengespräche mit Produktmanagern von verschiedenen Reiseveranstaltern geben Aufschluss über die Nachfrageseite. Reiseveranstalter bilden eine wichtige Schnittstelle: Sie sind als Einkäufer der Leistungen selber eine wichtige Zielgruppe, besitzen ausgiebige Informationen über die Erwartungen der Reisenden und können so auch über eine breite Masse an Reisenden stellvertretend Auskunft geben.

5.1 Das Konzept der "Nachhaltigkeit" des ICT

Das Instituto Costarrincense de Turismo (ICT) ist das costaricanische Fremdenverkehrsamt und stellt die zentrale Organisation in Costa Rica dar. Sie arbeitet eng mit der Cámara nacional de Turismo, der Tourismuskammer zusammen. Das ICT entstand aus den ersten Versuchen der Regierung an der touristischen Entwicklung des Landes mitzuwirken. Im Jahre 1930 unterstützte erstmals die Regierung den Bau eines Hotels, der ersten Klasse, das "Gran Hotel Costa Rica". Zu diesen Zeiten kamen viele ausländische Touristen über den Meerweg nach Costa Rica. Diese Reisenden kamen im Hafen von Puerto Limon an und fuhren dann mit der bis heute einzigen Eisenbahn des Landes nach San José. Erste Richtlinien entstanden Mitte 1931 in Form des Gesetztes Nr. 91, aufgrund dessen sich der "Junta Nacional de Turismo", der Nationalrat für Tourismus gründete, der bis 1955 am touristischen Geschehen in Costa Rica mitwirkte. 1955 wurde der Nationalrat für Tourismus durch das ICT abgelöst, das mittels des Gesetzes Nr.1917 gegründet wurde. Das Gesetz Nr. 1917 ist Teil des Grundgesetzes und regelt die Aufgaben, Zuständigkeitsbereiche und Kompetenzen des ICT. So sind durch das Gesetz z.B. alle Hotels und Beherbergungsbetriebe dazu verpflichtet regelmäßige Statistiken über ihre Buchungen beim ICT einzureichen.

Auf der Grundlage dieses Gesetzes, ihrer Vision, ihrer Mission und der eigenen Zielsetzungen entstehen für das ICT verschiedene Aufgaben. Das ICT verfolgt die Vision "Die führende Institution und Rektor der Tourismusaktivität im Lande zu sein" (ICT, o.J.a). Die Mission der Institution ist angelehnt an den nationalen Entwicklungsplan für Costa Rica und besagt, dass ein integrativer Tourismus gefördert werden soll, der den Lebensstandard der Costaricaner verbessert und das Gleichgewicht zwischen wirtschaftlichen, sozialen, natürlichen, kulturellen sowie infrastrukturellen Aspekten erhält.

Zu den Aufgaben des ICT gehört einerseits die Optimierung bestehender Prozesse und Maßnahmen und andererseits die noch bedeutendere Implementierung von neuen Prozessen und Maßnahmen, die darauf ausgerichtet sind die Wettbewerbsfähigkeit der costaricanischen Tourismusindustrie zu fördern und die Position Costa Ricas auf dem internationalen Markt zu stärken. Das Aufgabenspektrum umfasst die Planung der touristischen Entwicklung, die Beratung und Anregung von Investoren, die Förderung der Entwicklung hin zu einem integrativen Markt, die Ausrichtung auf die Bedürfnisse der Touristen, das Anbieten einer Informationsplattform, die Verbesserung der leitenden Aufgaben, wie Analysen, Kon-

trollen von Serviceleistungen und Eintritten sowie die Entwicklung von Systemen zur Qualitäts- und Wettbewerbssicherung.
Das ICT unterteilt die zentralen Aufgabenbereiche in vier Sektoren. Ein Sektor ist verantwortlich für die touristische Planung und Entwicklung, einer für die Beobachtung des Marktes und das Marketing Costa Ricas, einer für die touristische Leitung bzw. die Serviceleistungen für die Reisenden, die Förderung einer Nachhaltigkeit im Tourismus sowie die touristische Beratung und der vierte für administrative und finanzielle Belange der Institution.
In diversen Fachartikeln ist immer häufiger die Rede von der boomenden Destination Lateinamerika und speziell von Costa Rica. Noch im November 2007 berichtet der Touristik Report von Costa Rica als Newcomer und Geheimtipp (Vgl. o.V., 2007, S. 60). Im Januar 2008 bekommt Costa Rica einen Platz in der fvw-Counter Serie "Besser verkaufen" (Vgl. Lindner, 2008, S. 43- 45) und wird im Folgeheft schon als Zugpferd für die ganze Region bezeichnet (Vgl. Münster, 2008, S. 21). Diese starke Präsenz Costa Ricas in den deutschen Medien zeigt, dass das Interesse an dieser Destination wächst. Auch die Statistiken der Besucherzahlen belegen dies.

Abb.: 5 Besucherzahlen Costa Ricas

	2003	2004	2005	2006	2007
Insgesamt	1.238.692	1.452.926	1.671.000	1.645.470	1.928.809
Europa	192.099	208.222	230.536	234.881	o.A.
Deutsche	29.151	34.154	38.168	37.847	o.A.

Quelle: ARGE, 2008, nach Angaben des ICT

Dieses stetige Wachstum ist, wie für ganz Mittelamerika, einerseits auf vermehrte Flugverbindungen vor allem aus dem europäischen Markt und auf die verbesserte Infrastruktur durch zahlreiche Investitionen, die durch eine veränderte Gesetzgebung begünstigt wurden, zurückzuführen. Laut des "Plan Nacional de Desarollo Turistico Sostenible 2001 - 2012"

bzw. dem nationalen Plan zur nachhaltigen touristischen Entwicklung 2001 - 2012 Costa Ricas verzeichnet Costa Rica ein Wachstum der Besucherzahlen von ca. 8% in den letzten 10 Jahren. Wobei berücksichtigt werden muss, dass es im Jahre 2001 aufgrund der Terroranschläge von New York zu einem Einbruch der Besucherzahlen kam, die bis 2003 jedoch wieder dem vorherigen Wachstum angeglichen waren.
Neben diesen an sich positiven Wachstumsraten müssen für die touristische Entwicklung weitere allgemeine und spezielle Rahmenbedingungen berücksichtigt werden. Der Tourismus Costa Ricas ist von großer Bedeutung für das Land. Der Tourismussektor ist der wichtigste Lieferant von Devisen und stellt einen wichtigen direkten und indirekten Lieferanten von Arbeitsplätzen dar, der sich bislang durch Stabilität auszeichnet. Die Destination Costa Rica hat einen geringen Marktanteil auf dem internationalen Reisemarkt, im Verhältnis zu anderen lateinamerikanischen Reisezielen aber einen relativ hohen. Der Costa Rica Urlauber, so die Statistiken des ICT, ist jung und gebildet. Die meisten reisen mit ihrem Partner, nur selten kommen sie mit ihrer Familie. Darüber hinaus weisen Costa Rica Reisende einen hohen Anspruch und eine ausgeprägte Reiseerfahrung auf. Die meisten sind vor Antritt der Reise gut über das Land informiert. Die USA ist dabei mit großem Abstand das wichtigste Quellland.
Außerdem weist die aktuelle Situation Costa Ricas verschiedene kulturelle und natürliche Faktoren auf, die es von anderen Destinationen abgrenzt und die Wettbewerbsfähigkeit der Destination beeinflussen. Das Land zeichnet sich durch eine geringe Kriminalitätsrate aus, die jedoch leicht steigend ist. Schreitet diese Entwicklung fort, ist das Thema der Sicherheit ein Risikofaktor, der das touristische Wachstum hemmen könnte. Eine hohe natürliche Vielfalt auf kleinem Raum bietet eine herausragende Grundlage für touristische Aktivitäten, wie Wassersport, Aktivurlaub, Strandurlaub, Naturulaub usw. Das Land besitzt eine gut ausgebaute Infrastruktur, die das Erreichen aller touristisch interessanten Orte ermöglicht und ist auch international von Seiten der Quellländer sehr gut erschlossen. Costa Rica ist international bekannt für seine politische Sta-

bilität. Die costaricanische Bevölkerung verfügt über einen hohen Bildungsstand und viele Costaricaner haben Kenntnis in einer Fremdsprache. Die lokale touristische Unternehmenslandschaft weist zahlreiche Unternehmen auf, die verschiedene Nischen im Tourismus besetzten. Costa Rica besitzt das Image einer der wichtigsten Naturdestinationen der Welt und besitzt ein gut strukturiertes System für geschützte Naturzonen. Um dieses Image zu schützen und auszubauen ist das CST ins Leben gerufen worden.

Diese Situation bestimmt die Strategie des ICT für die Destination Costa Rica. Kaum ein Land Mittel- oder Südamerikas lässt in seinen Leitlinien die Faktoren der ökologischen Nachhaltigkeit und der sozialen Verantwortung unbeachtet (Vgl. Arbeitsgemeinschaft Lateinamerika e.V., 2008b, S. 1). Doch Costa Rica zählt zu einem der Pioniere im Ökotourismus und behauptet sich in dieser Rolle bislang. Mit ihrem nationalen Plan für die touristische Entwicklung will das ICT, wie auch schon ihr Slogan, "Sin Ingridientes Artificiales" ohne künstliche Zutaten, oder auch nur natürliche Zutaten, zeigt, ihre bisherige Positionierung als ökotouristische und nachhaltige Destination stärken und ausbauen.

Die folgende Grafik zeigt die Strategie des nationalen Planes der nachhaltigen touristischen Entwicklung in der Übersicht:

Abb.: 6 Strategien des ICT für die touristische Entwicklung Costa

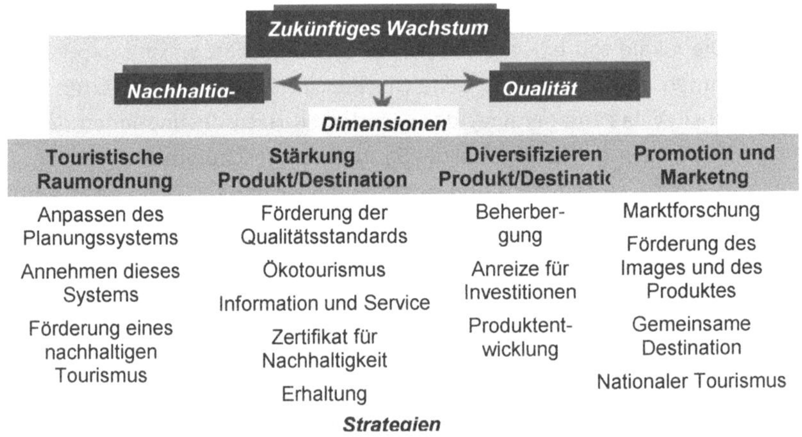

Quelle: Eigendarstellung nach ICT, 2002, S.63

Das Hauptziel der Strategie des ICT ist es Qualität und Nachhaltigkeit im Tourismus zu erreichen. Hierzu agiert es in vier verschiedenen Dimensionen, die sich an den zuvor genannten Aufgabenbereichen des ICT orientieren. Ein Bereich befasst sich mit der touristischen Raumordnung. Das Raumplanungssystem soll einen Flächennutzungsplan beinhalten, der bestimmte Regionen schützt und gleichzeitig die lokale Entwicklung fördert. Dieses System soll von der Tourismusindustrie angenommen werden und eine Nachhaltigkeit im Tourismus gefördert werden. Eine weitere Dimension soll den Ausbau und die weitere Diversifikation der Produkte und der Destination fördern und in diesem Zusammenhang eine Reihe von Informationen für die lokalen Unternehmen zur Verfügung stellen. So soll die Entwicklung von neuen Produkten und vor allem der Ausbau von weiteren Beherbergungskapazitäten unterstützt werden. Innerhalb dieser Dimension möchte das ICT sowohl öffentliche als auch private Investitionen fördern und Anreize für Investitionen schaffen. In diesem Zusammenhang ist das außergewöhnlich hohe Engagement Costa Ricas bezüglich Auslandsinvestitionen zu kritisieren, das zwar durchaus in gewisser Weise die Wirtschaft stärkt, aber in deutlichem Kontrast zu dem Prinzip der nachhaltigen Entwicklung steht, da dies Abhängigkeiten verstärkt und häufig nur ein geringer finanzieller Anteil bei der einheimischen Bevölkerung ankommt. Eine andere Dimension möchte das Image der Destination Costa Rica vor allem für einheimische aber auch für ausländische Reisende ausbauen und stärken, sowie den Bekanntheitsgrad fördern. Außerdem soll die Zusammenarbeit mit den Nachbarländern und ein gemeinsames Marketing vorangetrieben werden. Um ein der aktuellen Situation angemessenes Marketing zu liefern, soll innerhalb dieser Dimension eine ausführliche Marktforschung und Beobachtung des touristischen Umfelds gewährleistet werden. In einer vierten Dimension sollen die einzelnen Produkte der Destination und das Gesamtprodukt Destination gestärkt werden. Steigerung der Produktqualität und Ausschöpfung der Potenziale des Ökotourismus sind wesentliche Schritte auf diesem Weg. Eine Stärkung soll darüber hinaus über eine umfassende Information der potenziellen Touristen und das Anbieten von verschiedenen Serviceleistungen für diese unterstützt werden. Außerdem soll die Erhaltung der bestehenden Produktpalette innerhalb der Destination gefördert werden. Ein Zertifikat für Nachhaltigkeit soll das Image einer verantwortungsbewussten Destination verbessern. Auf der einen Seite soll für die Reisenden die Einhaltung bestimmter Prinzipien sichtbar werden. Auf der anderen Seite soll für die lokalen Unternehmen ein Anreizsystem geschaffen werden, das die Produktgestaltung diesem Image und der Positionierung anpasst.

5.2 Das CST und seine Einflussmacht auf die touristische Entwicklung Costa Ricas

Das costaricanische Zertifizierungsprogramm für eine Nachhaltigkeit im Tourismus, das CST (Certification in Sustainable Tourism bzw. Certificación para una Sostenibilidad Turística), ist vom Instituto Costarricense de Turismo entwickelt worden. Das ICT wird unterstützt von der Comisión Nacional de Accreditación bzw. der nationalen Kommission für Akkreditierung, die die ausführende Rolle übernommen hat. Dieses Zertifikat ist ein institutionelles System, das im Jahre 1999 gleichzeitig mit dem nationalen Strategieplan für nachhaltige Entwicklung und dem damit zusammenhängenden Entwicklungsplan für Nachhaltigkeit im Tourismus eingeführt wurde.

Abb.: 7 Das Logo des CST

Quelle: CST, o.J.

Das Programm, das in seiner Startphase lediglich Beherbergungsbetriebe aufgenommen hat, ist für alle im Tourismus agierenden Unternehmen entwickelt worden. Nach einer Einführungs- und Entwicklungsphase von 4 Jahren erhielten im Jahre 2001 die ersten 51 Hotels Costa Ricas ihre Auszeichnung. Mittlerweile sind die ersten Tour Anbieter bzw. Incoming Agenturen durch den Zertifizierungsprozess gegangen und haben seit 2006 ihr Siegel. Zukünftig sollen weitere spezifische Kriterienkataloge entwickelt werden, die die Einstufung weiterer touristischer Unternehmen ermöglicht. Alle zwei Jahre werden die Kriterienkataloge und das gesamte Programm aktualisiert und neuen Gegebenheiten, Technologien und Erkenntnissen angepasst. Die Teilnahme am Zertifizierungsprogramm ist für die Unternehmen absolut kostenfrei und freiwillig. Für die Teilnahme müssen die Unternehmen nur das Antragsformular auf der Homepage des ICT oder des CST ausfüllen.

Um eine internationale Ausrichtung und Akzeptanz zu erhöhen, ist das CST Mitglied bei der Rainforest Alliance, die unter ihrem Siegel weltweit zahlreiche länderspezifische Zertifizierungssysteme vereinigt und diese versucht gemeinsam zu vermarkten.

Das zentrale Ziel des CST ist es das Konzept der Nachhaltigkeit in die Realität umzusetzen. So soll es zu einer Weiterentwicklung der schonenden Nutzung von natürlichen und sozialen Ressourcen beitragen, die aktive Teilnahme der lokalen Gemeinden fördern, die Konkurrenzfähigkeit der nationalen Wirtschaft unterstützen und damit die Positionierung und Wettbewerbsfähigkeit der Destination Costa Rica stärken. Für die nationale Tourismuswirtschaft soll es eine neue Wettbewerbsform sein und Differenzierungen innerhalb dieser Industrie ermöglichen. Sowohl für die gesamte costaricanische Tourismusindustrie, als auch für die einzelnen Unternehmen, die Aspekte der Nachhaltigkeit beachten, soll es neue Möglichkeiten für Marketing und internationale Promotion darstellen bzw. eröffnen.

Das Zertifikat soll auch einen Beitrag dazu leisten, den Unterschied zwischen Anspruch und Wirklichkeit abzubauen. Es soll vermeiden, dass Unternehmen den Trend zur Nachhaltigkeit nur als Werbeinstrument auszunutzen und das Prinzip nicht wirklich umzusetzen. Dadurch, dass die teilnehmenden Unternehmen dazu angeregt werden mit den vorhandenen Ressourcen schonend umzugehen, soll nicht nur die Qualität des Produktes gesteigert, sondern auch das Kosten-Nutzen Verhältnis der Unternehmen optimiert werden. Aber auch auf andere Wirtschaftszweige des Landes soll sich die Einführung des Zertifikatsystems positiv auswirken. Vor allem die dem Tourismus zuliefernde Industrie wird in sofern beeinflusst, als das eine Nachfrage nach verantwortungsbewusst produzierten Waren und Produkten steigt. So werden auch in diesem Sektor die Unternehmen gestärkt, die auf ein Wirtschaften nach dem Prinzip der Nachhaltigkeit ausgerichtet sind.

Das Zertifizierungssystem CST zertifiziert nicht nur die teilnehmenden Unternehmen sondern kategorisiert sie, wie auch das allgemein bekannte Hotelsternesystem, zusätzlich mit Hilfe von 6 verschiedenen Stufen, deren Erreichung eines Unternehmens durch eine bestimmte Anzahl an Blättern kommuniziert wird. Durch diese Einstufung möchte das System zu einer ständigen Optimierung der Nachhaltigkeitspolitik der Unternehmen anregen.

Abb.: 8 Die Blätter des CST und die entsprechenden Stufen

Level	% attained
0	<20
1	20-39
2	40-59
3	60-79
4	80-9
5	>95

Certification CST: [5]

Quelle: ICT, o.J.a und ICT o.J.e

Erfüllt ein Unternehmen unter 20% der Kriterien, erhält es kein Blatt und wird auf der Stufe Null eingestuft, von 20% – 39% ist die erste Stufe erreicht und das erste Blatt wird verliehen. Unternehmen, die die erste Stufe erreicht haben, sind solche, die erste Schritte hin zu einer nachhaltigen Arbeit gemacht haben. So setzt sich die Einstufung, wie in der zuvor dargestellten Tabelle ersichtlich, fort. Die Stufe fünf und fünf Blätter werden erreicht, wenn mehr als 95% der Kriterien erfüllt werden. Diese Unternehmen haben das Prinzip der Nachhaltigkeit vorbildlich umgesetzt. Die Kriterien, die zur Vergabe der einzelnen Stufen erfüllt seinen müssen, werden in Form eines Aussagenkataloges evaluiert. Den einzelnen Aussagen des Kataloges muss der Zuständige des Unternehmens zustimmen bzw. diese ablehnen und das Formular beim CST einreichen. Für eine verlässlichere Aussage und mehr Objektivität wird das Unternehmen zusätzlich von einem Komitee besucht und die Bereiche werden weitmöglich kontrolliert. Die zu evaluierenden Kriterien sind in vier Bereiche eingeteilt:

1. Äußerliche- biologische Aspekte:
   Interaktion des Unternehmens mit seiner natürlichen Umgebung
2. Infrastruktur und Service:
   Management, Taktiken und operationale Systeme des Unternehmens und seiner Infrastruktur
3. Kunden:
   Einfluss den das Unternehmen auf seine Kunden zu nehmen versucht, um diese zu einem nachhaltigen Reiseverhalten anzuregen
4. Sozioökonomisches Umfeld:
   Interaktion des Unternehmens mit der lokalen und nationalen Bevölkerung

Diese vier Bereiche werden einzeln bewertet. Sowohl für Beherbergungsbetriebe, als auch für Tour Anbieter bzw. Incoming Agenturen sind für jeden Bereich eine Reihe von Aussagen formuliert worden, die die jeweilige Situation für diesen Teilaspekt widerspiegeln. Je nachdem, wie viele Aussagen abgelehnt und wie vielen zugestimmt wird, ergibt sich die Zertifizierungsstufe des Unternehmens. Berücksichtigt wird auch, dass nicht jedes Kriterium in jedem Unternehmen anwendbar ist, so können die Aussagen teilweise auch durch "Nicht anwendbar" gekennzeichnet werden. Die einzelnen Aussagen sind zusätzlich mit einem Wert zwischen 1 und 3 bezüglich ihrer Wichtigkeit versehen. So erhält das Ja einer Aussage, wie "mindestens 60% der Mitarbeiter sind Einheimische", als ein wichtiges Kriterium, die Gewichtung 3. Bei der Berechnung ebenfalls berücksichtigt werden zusätzliche positive Projekte oder Aspekte (Percepcion General bzw. allgemeine Wahrnehmung: PG), die durch den Aussagenkatalog nicht berücksichtigt werden, auch diese werden von 1 - 3 bewertet. Ebenso sollen Situationen, die die Erfüllung der Kriterien begünstigen oder erschweren (Evaluacion General bzw. allgemeine Evaluation: EG) Berücksichtigung finden. So werden diese von -3 bis +3 bewertet. Die Bewertung der allgemeinen Wahrnehmung und Evaluation erfolgt nicht durch das Unternehmen selbst, sondern von dem Komitee, das das

Unternehmen persönlich besucht. Die Berechnung der Stufe eines jeden Bereiches erfolgt wie folgt:

$$\frac{\text{Anzahl der Zustimmungen + Summe PG + Summe EG}}{\text{Maximal erreichbare Zustimmungen (die nicht anwendbaren ausgenommen)}}$$

Der Bereich, der die niedrigste Stufe erreicht hat, ist maßgebend für die Anzahl an Blättern, die das Unternehmen erhält. Um eine getrennte Evaluierung der Bereiche zu ermöglich, sind auch die Aussagenkataloge dementsprechend differenziert konzipiert. Bisher gibt es den Aussagenkatalog für Hotels auf Spanisch und auf Englisch, den für Tour Anbieter lediglich auf Spanisch. Beide können im Anhang eingesehen werden. Der Katalog für Hotels umfasst insgesamt 153 Aussagen und der der Tour Anbieter 108. Bei den Hotels z.B. werden im Bereich 1 Aussagen zu Richtlinien und Programmen, die den negativen Umwelteinfluss ihres Unternehmens minimieren, zu Emissionen und Abfall, zu den Gartenanlagen, zu geschützten Zonen und zum Schutz der Flora und Fauna abgefragt. Der Bereich 2 betrifft bei den Hotels die Einrichtungen des Hotels. In diesem Bereich werden die Leitlinien des Hotels, Wasserverbrauch, Stromverbrauch, der Konsum von Produkten der allgemeinen Bedürfnisse, wie Getränke und Lebensmittel oder Putz- und Kosmetikartikeln, das Abfallmanagement und die Mitarbeiter Weiterbildung evaluiert. Der Bereich 3 bezieht sich auf den Kunden. Hier wird ermittelt, inwieweit das Hotel den Gast in die Umsetzung einer Nachhaltigkeit im Tourismus einbezieht und mit ihm kommuniziert, inwieweit auch in den einzelnen Zimmer Hinweise zum schonenden Umgang mit den Ressourcen angebracht sind, inwieweit dem Gast Aktivitäten in Nationalparks angeboten werden bzw. Informationen zu den Hintergründen geboten werden und inwieweit das Hotel zum Feedback der Gäste im Bezug auf das CST anregt. Der Bereich 4 analysiert, in welchem Ausmaß die lokale Bevölkerung direkt sowie indirekt von dem Unternehmen profitiert und wie diese in ihrer Entwicklung unterstützt wird, ob ein Beitrag zur öffentlichen Gesundheit geleistet wird und wie sehr das Unternehmen zur Verbesserung der Infrastruktur und Sicherheit beiträgt.

Bei dem Aussagenkatalog der Tour Anbieter fragt der Bereich 1 ab, in wieweit Belastungsgrenzen berücksichtigt werden und inwieweit mit Unternehmen und Projekten zusammen gearbeitet wird, die den Ansprüchen einer Nachhaltigkcit gerecht werden bzw. dies unterstützen. Der Bereich 2 befasst sich mit der Verwaltung des Service und fragt in diesem Zusammenhang sowohl personelle Kriterien als auch Aspekte der Produktgestaltung ab. Der Bereich 3 umfasst wie bei den Hotels die Kommunikation mit dem Gast und der Bereich 4 die Unterstützung der lokalen Bevölkerung, z.B. inwieweit lokale Produkte bevorzugt werden. Im Ergebnis geben die beantworteten Kataloge Auskunft, wie sehr das Unternehmen mit den sozialen, ökologischen und wirtschaftlichen Standards einer Nachhaltigkeit im Tourismus übereinstimmt.

Neben dem zuvor genannten Marketing- und Abgrenzungsvorteil für die teilnehmenden Unternehmen bietet das Programm seinen Mitgliedern zahlreiche weitere Anreize zur Teilnahme und Umsetzung einer Nachhaltigkeit und des nationalen Entwicklungsplans an. Diese Anreize in Form von verschiedenen Unterstützungen nehmen mit jeder weiteren erreichten Stufe zu. Anreize sind zum Beispiel: Internationale und nationale Öffentlichkeitsarbeit und Werbung, die speziell für das CST entwickelt wird; Schulungsprogramme für das Personal der teilnehmenden Unternehmen; privilegierte Teilnahme an verschiedenen Welttourismus Messen und Events. Um den Unternehmen die Erreichung der einzelnen Stufen zu erleichtern und ihnen deutlich zu machen, was erwartet wird, ist ein Leitfaden entwickelt worden, der zu fast jeder Aussage die Frage beantwortet, was erwartet wird und Best Practice Beispiele gibt, wie dies umgesetzt werden kann.

Wie stark die Einflussmacht des CST auf die touristische Entwicklung Costa Ricas ist, lässt sich vor allem an der Anzahl und teilweise auch Art der teilnehmenden Betriebe messen. Bis heute sind 72 Hotels zertifiziert, deren Stufendurchschnitt bei ca. 2,5 liegt. 451 Hotels sind auf der Homepage des ICT gelistet, was in etwa der Gesamtsumme der Hotels des Landes entsprechen sollte.

Abb.: 9 Zertifizierte Hotels nach Größe

Hoteles Aprobados por Tamaño

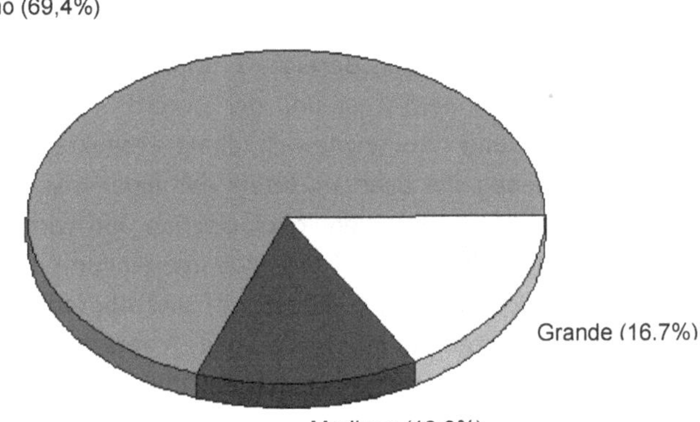

	Número	Porcentaje
Pequeño	50	69.4 %
Mediano	10	13.9 %
Grande	12	16.7 %
Total:	72	

Quelle: CST, o.J.l

Es ist auffällig, dass vor allem kleine Unterkünfte zertifiziert sind. Dies mag einerseits daran liegen, dass für diese die Erfüllung der Kriterien leichter ist, andererseits daran, dass Größere durch umfangreichere Marketingmöglichkeiten nicht auf das Siegel angewiesen sind. Doch sollte vor allem auf die Größeren Einfluss genommen werden, da diese durch die Masse stärkere Auswirkungen auf das Land und die Natur haben.

Seit 2006 sind mittlerweile 15 Tour Anbieter durchschnittlich auf der Stufe 3 ausgezeichnet worden. Schon alleine auf der Homepage des ICT sind jedoch insgesamt 260 Weitere aufgelistet. Betrachtet man diese Realität, zeigt sich, dass das Zertifikat bisher von relativ wenigen Unternehmen nachgefragt wird. Bei den Unternehmen, die zertifiziert sind, lässt sich vermuten, dass für sie die Erfüllung der Kriterien meist auch noch mit wenig Umstand verbunden ist. Die übrigen Unternehmen scheinen die Notwendigkeit einer Zertifizierung nicht gegeben zu sehen und ihre Kapazitäten auch so ausreichend auslasten zu können. Die geringe Anzahl an zertifizierten Unternehmen verwundert vor allem, da die meisten costaricanischen Unternehmen mehr oder weniger erfolgreich ein nachhaltiges Image zu übermitteln versuchen und vorgeben nach entsprechenden Kriterien zu arbeiten. Eine zahlreiche Teilnahme der Unternehmen an diesem Programm ist essenziell dafür, dass ein realer Einfluss auf die Angebotsgestaltung und die touristische Entwicklung genommen werden kann. Es ist bekannt, dass ein Siegel viele Jahre braucht, um Bekanntheit und Akzeptanz sowohl von Unternehmen, als auch von Kunden, zu erreichen. Das costaricanische Siegel hat sein 10 jähriges Bestehen gerade hinter sich. Es sollte also mittlerweile an Bedeutung gewonnen haben. Trotz dieser bisher negativ scheinenden Entwicklung erfreut sich das Zertifizierungsprogramm sowohl in der Presse als auch unter Fachleuten großer Beliebtheit. Der Gründer des Nationalparksystems Costa Ricas, Alvaro Ugalde, bezeichnet es als ausgezeichnetes Instrument zur Unterstützung der nachhaltigen Entwicklung Costa Ricas.

"The program of Certification for Sustainable Tourism of the Costa Rican Tourist Board, is an excellent tool to assist in the sustainable development of the country" (CST, o.J.e).

Selbst die Nachbarländer haben bereits Interesse angemeldet bzw. konkrete Pläne, das System auf ihre Länder auszuweiten. Sogar Pläne für eine internationale Anwendung hegen die Initiatoren des Programms. Im Juni 2008 gewann Costa Rica den "Tourism for All" Award, der behindertengerechte Reisen fördern soll. Das ICT führt diesen Erfolg auf den positiven Einfluss, den das CST auf die touristische Unternehmenslandschaft hat, zurück.

Der Vergleich der positiven Feedbacks mit der realen Anzahl an zertifizierten Unternehmen lässt darauf schließen, dass die Schwächen des Programms nicht in seiner Gestaltung liegen, sondern mehr bei den Anreizen für die touristischen Unternehmen. Die geringe Nachfrage der Unternehmen nach einer Zertifizierung kann auf nicht ausreichende direkte Vorteile, wie besondere Informationsdienstleistungen, einerseits und andererseits auf nicht ausreichende Prestigevorteile zurückzuführen sein. Evtl. fehlenden Marketingvorteile können durch eine geringe Akzeptanz und Bekanntheit im Quellland hervorgerufen werden. Dies zu analysieren und evtl. Gründe für die Situation zu finden, dient die folgende Untersuchung.

5.3 Untersuchung der Akzeptanz des CST auf dem deutschen Reiseveranstaltermarkt für die Wahl der Partner und Leistungsträger vor Ort

5.3.1 Herangehensweise

Wie in Abschnitt 3 dargestellt können Reiseveranstalter bedeutenden Einfluss auf die touristische Entwicklung einer Region nehmen, häufig führen sie eine Vorauswahl der Einzelleistungen für den Kunden durch. Vor allem im Fernreisesegment ziehen viele Reisende, ob aus Sicherheitsgründen, Bequemlichkeit oder Erreichbarkeit der Informationen, einen Reiseveranstalter hinzu, um ihnen bei der Planung behilflich zu sein. Die Reiseveranstalter sind also teilweise bedeutende Abnehmer der touristischen Leistungen der Region. Aufgrund der Tatsache, dass sie sowohl Destinationsexperten sind, als auch die Wünsche ihrer Kunden gut kennen und durch ihre Arbeit einen großen Einfluss auf die Entwicklung der Destination, haben sind sie vielversprechende Auskunftsgeber.

Die Analyse der Akzeptanz und Sichtweise der Reiseveranstalter bezüglich Gütesiegelsysteme soll Aufschluss darüber geben, wie bekannt und akzeptiert das CST und ähnliche Siegel sind und welche Schwächen sie

aus Sicht der Experten aufweisen. Außerdem soll deutlich werden, welches Potenzial die Reiseveranstalter für eine selbstständige Zielgruppe mitbringen und wie eine Ansprache bzw. ein gezieltes Marketing an diese aussehen muss. Darüber hinaus sollen Zusammenhänge zwischen Größe und Spezialisierungsgrad der Reiseveranstalter und deren Kenntnisse und Einstellungen ermittelt werden. Methodisch ist für diese Arbeit eine größtenteils offene Befragung von Experten ausgewählt worden, da während der Gespräche je nach Informationsgrad der Befragten genauer auf einige Aspekte eingegangen und unerwarteten Aussagen so mehr Raum gegeben werden konnte. Die persönliche Ansprache und der persönliche Kontakt zu den Befragten haben darüber hinaus zu einer stärkeren Unterstützung durch die Experten beigetragen.
Der Auswahl der Gesprächspartner ist eine Analyse der existierenden Costa Rica Reiseveranstalter und deren Unternehmensprofile auf dem deutschen Markt vorangegangen. Als Gesprächspartner sind Produktmanager verschiedener Reiseveranstaltertypen ausgewählt worden. So sind der kleine Costa Rica Spezialist Colibri Umweltreisen, der bewusst und aktiv die Einhaltung von Nachhaltigkeitsaspekten nach außen kommuniziert, der kleine Lateinamerika Spezialist Papaya Tours, der ebenfalls eine Nachhaltigkeit im Tourismus propagiert, der mittelständische Reiseveranstalter Chamäleon Reisen, der verschiedene Kontinente im Angebot hat und sich ebenfalls dem nachhaltigen Tourismus verschrieben hat, der mittelständische Reiseveranstalter Studiosus Reisen, der weltweite Reiseangebote offeriert und - obwohl auch er Aspekte der Nachhaltigkeit beachtet - mehr in das Segment der Studienreisen einzuordnen ist, der große Reiseveranstalter Gebeco, der mehr eine aktiviere und alternative Klientel bedient und der große Reiseveranstalter TUI, der den Massenmarkt anspricht, befragt worden. Diese Auswahl ist getroffen worden, um evtl. Differenzen der Sichtweisen und Kenntnisse auf den Spezialisierungsgrad oder die Größe des Unternehmens zurückführen zu können. Diese Unternehmen haben aufgrund ihres Volumens eine unterschiedlich große Bedeutung für die Destination Costa Rica. So sind im Jahr 2007

mit Studiosus ca. 200 Touristen nach Costa Rica gereist, mit Colibri Reisen ca. 150, mit Chamäleon ca. 100 und mit Papaya Tours, dadurch dass sie Costa Rica erst seit 2007 im Angebot haben, ca. 10. Gebeco und TUI machten hierzu keine Angaben.

Einleitend für die Befragung sind die, der Arbeit zu Grunde liegenden Begriffsinterpretation für Nachhaltigkeit im Tourismus und für Gütesiegel erläutert worden, um Missverständnissen, vor allem bei der schriftlichen Korrespondenz, vorzubeugen. Die Befragung bestand aus möglichst vielen offenen Fragen und nur einer geschlossenen, um einerseits den beabsichtigten Raum für unerwartete Aussagen zu ermöglichen und andererseits durch gestützte Antworten nicht direkt präsente Kriterien zu ermitteln und so das Antwortenspektrum zu erweitern.

Die Frage nach den Informationsquellen für neue Partner im Zielgebiet soll ermitteln, wie und wo Reiseveranstalter bezüglich Gütesiegel angesprochen werden können. Die Frage nach der Bedeutung von Nachhaltigkeitsaspekten soll Rückschlüsse zur Bekanntheit des CST aber auch zur Ansprechbarkeit auf diese Kriterien ermöglichen. Die Frage zur Bekanntheit des CST ist wichtig, um herauszufinden, ob es mehr an einer fehlenden Bekanntheit, einer fehlenden Verlässlichkeit, oder an der Auswahl der Kriterien mangelt. Weiterhin ist es für die Vermarktung, aber auch für die Gestaltung des Kriterienkataloges des Siegels, wichtig zu erkennen, welche Kriterien für die Reiseveranstalter bei der Auswahl ihrer Partner eine Rolle spielen. Denn nur wenn ein Gütesiegel hilfreiche und gewünschte Kriterien kontrolliert, kann es als Auswahlhilfe für entsprechende die Zielgruppe dienen. Bewusst sind zwei Fragen zu Gütesiegeln, als Kriterium gestellt worden, um evtl. Unterschiede zwischen der Akzeptanz von reinen Qualitätsgütesiegeln und denen der Nachhaltigkeit feststellen zu können. Die Expertengespräche erfolgen persönlich, aber auch wegen der örtlichen Distanz telefonisch, oder schriftlich. Für alle Befragungen ist ein Musterfragebogen entworfen worden, der im Anhang 4 eingesehen werden kann. Die zentralen Ergebnisse der Befragung zeichnen nun das nachfolgende Bild.

5.3.2 Informationsprozesse der Reiseveranstalter zu Unternehmen im Zielgebiet

Möchte ein Reiseveranstalter ein neues Produkt entwickeln, sei es das Erschließen eines ganz neuen Zielgebietes oder das Umsetzen neuer Produktideen innerhalb einer Region, die er bereits im Programm hat, ist er von der Mitarbeit von Unternehmen vor Ort abhängig. Nur durch diese kann das Produkt den Wünschen des Reiseveranstalters und der Verbraucher entsprechend produziert werden. Je nach Positionierung des Reiseveranstalters sind ihm unterschiedliche Aspekte für die Durchführung seiner Reisen wichtig. Da sich der Reiseveranstalter meist während der Durchführung der Reise nicht selbst vor Ort befindet, ist durch eine fehlende Überprüfbarkeit, eine hohe Vertrauensbasis notwendig. Diese Anforderung beeinflusst den Auswahlprozess der Partnerunternehmen bedeutend.

In der Regel werden Unternehmen bevorzugt, mit denen persönlich gute Erfahrungen gemacht wurden und im Idealfall schon über Jahre eine verlässliche Partnerschaft besteht. Ist dies für das neue Produkt jedoch nicht möglich, da die bestehenden Partner das gesuchte nicht anbieten können, müssen neue Partnerschaften geschlossen werden. Eine erste Übersicht schaffen sich die Reiseveranstalter im Internet, in der Fachliteratur, wie Branchenverzeichnisse, oder durch Empfehlungen anderer. Aber auch die zielgebietsansässigen Fremdenverkehrsämter oder Vereinigungen, wie die Arbeitsgemeinschaft Latein Amerika (ARGE), stellen für die Reiseveranstaltern eine Informationsplattform und Ansprechpartner dar. Doch fehlen hierbei die persönlichen Kontakte zum Leistungsträger. Diese werden dann häufig, entweder zufällig, oder von einer bzw. beider Seiten geplant, auf Messen geschlossen. Die ITB Berlin steht hierbei aus verschiedenen Gründen im besonderen Interesse. Neben ihrer Bekanntheit als bedeutendste Tourismusmesse der Welt, versprechen sich die deutschen Reiseveranstalter von ihr, dass sich hier Unternehmen präsentieren, die am deutschen Markt interessiert sind und ihre Arbeit auf die Ansprüche dieser Zielgruppe ausrichten. Außerdem lässt sich dadurch auf eine gewisse Professionalität und Erfahrung schließen, da ihnen diese kostspielige Präsentation überhaupt möglich ist. Jedoch lässt sich aus diesen Gründen auch davon ausgehen, dass deren Produkte etwas teuerer sind. Entweder im Anschluss daran, oder unabhängig von diesen Kontakten reisen einige Veranstalter ins Zielgebiet, um dort Kontakte zu suchen, auszubauen und sich von deren Arbeit zu überzeugen. Bestehen schon Kontakte in das Zielgebiet, wird häufig das Gespräch und der Gedankenaustausch mit den bestehenden Partnern gesucht. Vor allem die einzelnen Reiseleiter haben häufig detaillierte Informationen zu den verschiedensten Unternehmen.

5.3.3 Bedeutung der Berücksichtigung von Nachhaltigkeitsaspekten durch die Partner

Durch den allgemeinen Trend zu einem größeren Verantwortungsbewusstsein gegenüber Natur, Ressourcen und kulturellen sowie gesellschaftlichen differenzierten Traditionen und Strukturen, der in 4.2. dargestellt ist, hat sich in jedem Produktionsbereich ein Segment herauskristallisiert, das um eine Nachhaltigkeit im jeweiligen Produktionsprozess bemüht ist. Im Tourismus hat sich ein Segment kleiner bzw. mittelständischer Reiseveranstalter herauskristallisiert, die sich gezielt durch das Angebot und die Umsetzung von Nachhaltigkeit bei ihren Reisen abzugrenzen versuchen. Durch das große Öffentliche Interesse an verantwortungsbewusstem Handeln von Unternehmen, kommunizieren verstärkt auch andere Veranstalter die Beachtung dieser Kriterien. So hat es für alle befragten Reiseveranstalter eine große, für einige sogar eine sehr große Bedeutung, dass sich die Partnerunternehmen um eine Nachhaltigkeit im Tourismus bemühen. Hierbei fällt auf, dass die Bedeutung von den kleinen Spezialisten und von den Großen mit mehr Nachdruck geäußert wird, als von den Mittelständischen. Besonders auffallend ist hierbei die TUI, die ihr Interesse an einer nachhaltigen Produktgestaltung sehr deutlich zu machen versuchte.

5.3.4 Kriterien der Reiseveranstalter zur Auswahl der Leistungsträger und Partner in Costa Rica

Verlässliche und vertrauensvolle Partner sind, wie bereits in 5.3.2 erläutert, überlebenswichtig für die Reiseveranstalter in den Quellländern. So haben diese verschiedene Kriterien und Prinzipien nach denen sie ihre zukünftigen Partner auswählen. Alle befragten kleinen und mittelständischen Reiseveranstalter, ob auf eine bestimmte Destination spezialisiert oder nicht, verlassen sich bevorzugt auf persönliche Kontakte oder Beziehungen. Diese können aufgrund von Empfehlungen oder einer Kontaktaufnahme bei Messen entstehen. Teilweise wurde vor allem das Kriterium der persönlichen Beziehungen in den Vordergrund gestellt. Die meisten Reiseveranstalter arbeiten mit Zielgebietsagenturen, die ihnen die gewünschten Produkte direkt vor Ort zusammenstellen und die Kundenbetreuung während der Reise übernehmen. Für die Reiseveranstalter ist es kaum möglich mit allen Leistungsträgern eine persönliche Partnerschaft aufzubauen und aus der Ferne ein reibungsloses Zusammenspiel zu garantieren. So müssen sie darauf vertrauen, dass die Agenturen wiederum Leistungsträger auswählen, die das gewünschte Produkt des Reiseveranstalters produzieren können. Bevorzugt wird die Arbeit mit nur einer Zielgebietsagentur je Destination, um diese Bindung zu schützen und zu stärken. Für die Reiseveranstalter in den Quellländern ist es aufgrund dieses Vermittlungsunternehmens jedoch umso schwieriger prüfbar, ob die einzelnen Leistungsträger die geforderten Kriterien erfüllen. Ansprüche wie die Unterbringung in ausschließlich kleinen Hotels, sind hier noch relativ unproblematisch zu überprüfen. Eine gerechte Bezahlung der Arbeitskräfte beispielsweise ist dagegen so gut wie gar nicht kontrollierbar. Die Situation der unmöglichen persönlichen Kontrolle jeder einzelnen Leistung auf seine Erfüllung bestimmter Kriterien, bewirkt diese hohe Nachfrage nach persönlichem Kontakt und Vertrauen. Von einigen wurde jedoch die Aussagekraft von Empfehlungen in Frage gestellt. Es wurde zwar eingestanden, dass eine Empfehlung Einfluss auf die Entscheidung hat, aber auch mit Vorsicht betrachtet werden müsse, da diese häufig subjektiv sei und häufig durch persönliche Sympathien anderer etwas verfälscht sei. Der Ruf der Leistungsträger bzw. Zielgebietsagenturen in der Branche spielt zusätzlich eine Rolle für die meisten Reiseveranstalter. Hat sich herumgesprochen, dass eine Agentur Professionalität, Qualität und eine gute Kundenbetreuung bewiesen hat, und dazu auch noch eine Nachhaltigkeit ihrer touristischen Produkte fördert, beeinflusst dies entscheidend die Auswahl der Zielgebietsagentur positiv. Kann ein Unternehmen vorweisen, schon mit renommierten Reiseveranstaltern, des selben Segments zusammengearbeitet zu haben, hat dieses ebenfalls eindeutige Vorteile bei der Auswahl. Vor allem von den größeren Reiseveranstaltern wurde als weiteres Kriterium das Preis- Leistungsverhältnis genannt. Vor allem die Costa Rica Spezialisten legen Wert darauf, dass ihre Zielgebietsagentur keine Massenagentur ist, die viele Reiseveranstalter bedient und dementsprechend viele Touristen gleichzeitig betreut. Bei diesen Agenturen besteht die Gefahr, dass die individuelle Betreuung der Kunden nicht gewährleistet wird. Außerdem können kleinere Agenturen häufig flexibler auf die Wünsche der Reiseveranstalter reagieren und Produkte besser anpassen. Ist eine Partnerschaft entstanden und eine Zusammenarbeit begonnen, sind Antwortgeschwindigkeit und das Eingehen auf spezielle Wünsche ausschlaggebend, ob weiterhin mit dem jeweiligen Leistungsträger zusammengearbeitet wird. Nur wenige Leistungsträger und Zielgebietsagenturen machen ein wirkliches Interesse an den spezifischen Ansprüchen der Reiseveranstalter deutlich, dies ist für die Reiseveranstalter ein aussagekräftiges Kriterium, das Professionalität zeigt. So wird es teilweise als positiv angesehen, wenn die Kontaktaufnahme von Seiten des Unternehmens vor Ort ausgehen und diese hierbei zeigen, dass sie sich zuvor mit der Produktpalette des Reiseveranstalters befasst haben und sich darauf einstellen möchten. Vor allem für die Costa Rica Spezialisten ist es darüber hinaus wichtig mit einheimischen Agenturen zusammen zu arbeiten, da sie so eine größere Garantie dafür haben, dass die Einnahmen durch den Tourismus nicht ins Ausland zurückfließen, sondern die nationale Wirtschaft gefördert wird. In Costa Rica besteht ein starker US-amerikanischer Einfluss, der sich durch eine hohe Präsenz US amerikanischer Unternehmen ausdrückt. Besonders den klei-

nen Costa Rica Spezialisten, die ehrlich an Nachhaltigkeit interessiert sind, ist es wichtig diese Situation nicht zu unterstützen.
So gibt es viele verschiedene Kriterien, nach denen die Reiseveranstalter in den Quellländern ihre Partner vor Ort auswählen, jedoch war für niemanden das Kriterium einer Zertifizierung ausschlaggebend. In diesem Zusammenhang soll der folgende Abschnitt zeigen, wo die Gründe für diese geringe Akzeptanz liegen.

5.3.5 Die Bedeutung von Gütesiegeln, speziell für Nachhaltigkeit im Tourismus, für die Auswahl der Partner

Bezüglich Gütesiegelsysteme als Auswahlkriterium sind sich fast alle interviewten Reiseveranstalter einig, dass diesem keine große Bedeutung beigemessen wird. Hierbei wird kaum ein Unterschied zwischen Qualitätsgütesiegeln und denen für Nachhaltigkeit gemacht. Nur die TUI gibt vor, dass Siegel jeder Art ein wesentliches Kriterium für die Auswahl ihrer Partner sein. Von den meisten ist die zu große Vielfalt und geringe Verlässlichkeit aufgeführt worden, die dieses Kriterium nicht anwendbar machen. Aufgrund der Vielfalt an Qualitätszeichen können sie nicht beurteilen, für was das einzelne Zeichen steht und welche Standards es verfolgt. International und sogar regional gibt es gravierende Unterschiede bezüglich der Kriterien. Dem Aufwand sich mit jedem einzelnen Siegel auseinander zusetzten, sehen sich die meisten Reiseveranstalter nicht gewachsen. Den bestehenden Auszeichnungssystemen fehlt es an einem transparenten, bekannten und übersichtlichen Ziel und einer überzeugenden Aussage. Bisher gibt es kein weltweit anerkanntes System, dass sich sowohl zur eigenen Orientierung der Reiseveranstalter eignet, als auch unter den Reisenden bekannt und nachgefragt ist. Einer zukünftigen Entwicklung eines solchen stehen sie sehr kritisch gegenüber, da es bis heute nicht einmal ein international einheitliches System für die Kategorisierung von Hotels gäbe. Des Weiteren sind viele Reiseveranstalter nicht auf diese Siegel angewiesen, da sie auch ohne diese genügend Unternehmen finden, die ihre Erwartungen scheinbar erfüllen. Es wird jedoch auch eingeräumt, dass sie nur begrenzte Möglichkeiten haben, das

Erfüllen der Erwartungen auch wirklich zu überprüfen. Durch ein Gütesiegelsystem sehen sie dieses Problem ebenfalls nicht gelöst, da nur wenige wirklich verlässliche Kontrollsysteme aufweisen, die das Erfüllen der Kriterien garantieren können. Weiterhin kritisieren die Reiseveranstalter, dass bei Gütesiegelsystemen kleine Unternehmen ausgeschlossen werden, da sich diese die häufig kostspielige Akkreditierung nicht leisten können. Diese Unternehmen leisten aber teilweise durchaus eine gute und verlässliche Arbeit, teilweise sogar eine bessere, als ihre großen Mitbewerber. Außerdem sei die Vergabe von Gütesiegeln, sobald sie als Marketing-Tool verwendet werden nicht mehr neutral, erst recht dann nicht, wenn regelmäßige Gebühren für die Teilnahme am System entrichtet werden müssen. Hinzu kommt, dass die meisten Systeme bisher nur Unterkünfte bzw. teilweise auch Aktivitätsangebote zertifizieren. Für Zielgebietsagenturen ist ihnen dies bisher nicht bekannt und kann so nicht zur Auswahl herangezogen werden.

Teilweise wird vermutet, dass es bei den Endverbrauchern schon als positiv angesehen wird, wenn die Partner oder die Reiseveranstalter selbst ein Gütesiegel aufweisen können, aber wirklich nachgefragt wird es bislang nicht. Sie sind der Meinung, dass sich ihre Kunden auch über die geringe Verlässlichkeit im Klaren sind. Die meisten bewerten es zwar positiv, wenn ein Unternehmen ein Siegel besitzt, es stellt aber kein Kriterium zur Entscheidung für oder gegen ein Unternehmen dar. Nur ein Reiseveranstalter gibt an, dass das Siegel zumindest geprüft wird, wenn eins der Unternehmen, mit denen sie zusammenarbeiten, oder dies evtl. möchten, ein solches besitzt. Bedeutend in diesem Zusammenhang ist, von wem das Siegel vergeben wird und welchen allgemeinen Ruf es hat. Niemals stellt dies aber das erste Kriterium dar. Es lässt sich feststellen, dass kleinere und spezialisierte Reiseveranstalter aber auch die Großen dem Thema Gütesiegel offener gegenüber stehen als Mittelständische.

5.3.6 Bekanntheit und Berücksichtigung des CST auf dem deutschen Reiseveranstaltermarkt

Das Certificate for Sustainable Tourism des Costaricanischen Institutes für Tourismus ist fast keinem der befragten Reiseveranstalter wirklich bekannt. Der Produktmanager eines Costa Rica Spezialisten gibt an es zwar mal gesehen zuhaben, aber nicht wirklich zu wissen, wofür es steht. Ein Weiterer glaubt es mal gesehen zu haben, beruft sich jedoch auf die Vielfalt an Gütesiegeln und gibt zu bedenken, dass es aufgrund der namentlichen Ähnlichkeit und vergleichbarer Designs der Label durchaus sein kann, dass es sich um ein anderes gehandelt habe. Von einem mittelständischen Reiseveranstalter, dem das Siegel gänzlich unbekannt ist, wird zusätzlich betont, dass es, wenn es schon lange existieren sollte, sehr unwirksam zu sein scheine, da von seinen Kunden die Qualität der Hotels Costa Ricas sehr bemängelt würde, viel mehr als dies in anderen Destinationen der Fall sei, und das, obwohl das Preisniveau in Costa Rica weit über dem vieler vergleichbarer Regionen läge. Bemerkenswert ist, dass selbst die Reiseveranstalter, die fast ausschließlich Costa Rica Reisende betreuen und ihren Schwerpunkt auf diese Destination gelegt haben, nicht von der Existenz dieses Siegels wissen. Gebeco und TUI hingegen geben an, das Siegel zu kennen und es, sofern möglich, wenn auch nicht als erstes Kriterium, zu berücksichtigen.

5.3.7 Fazit

Zusammenfassend lässt sich feststellen, dass durchaus Unsicherheitsfaktoren der Reiseveranstalter bezüglich der Partnerauswahl und der Überprüfbarkeit bestehen. Diese versuchen sie durch persönliche Kontakte zu minimieren. Dies zeigt sich sowohl bei der Information über und Suche nach neuen Partnern, als auch bei der letztendlichen Auswahl und den damit verbundenen Auswahlkriterien. Nachhaltigkeit im Tourismus ist für alle Befragten allgemein von Bedeutung. Dies lässt darauf schließen, dass das gewünschte Image Costa Ricas durchaus bei den Reiseveranstaltern angekommen ist und die Reiseveranstalter, deren Kundenprofil diese Kriterien nachfragen, auch wegen der Positionierung Costa Ricas an der Destination interessiert sind. Eine weitere wichtige Erkenntnis ist, dass ein Siegel auch die Zertifizierung von Zielgebietsagenturen ermöglichen muss, da Reiseveranstalter in der Regel mit diesen zusammenarbeiten und nicht die einzelnen Teilleistungen persönlich abfragen. Die Einstellung der Reiseveranstalter gegenüber Auszeichnungssystemen entspricht größtenteils der Einschätzung der Fachliteratur. So ist auch die Branche der Reiseveranstalter der Meinung, dass die große Vielfalt, die wenig einheitlichen Kriterien und die geringe Verlässlichkeit Grund für den geringen Erfolg der bisher existierenden Gütesiegel sind.

Auffällig und bedeutend für evtl. Marketingmaßnahmen ist, dass kleinere, spezialisierte Reiseveranstalter Gütesiegelsystemen und Aspekten der Nachhaltigkeit offener bzw. ehrlicher gegenüber zu stehen scheinen, als Mittelständische. Größere wiederum zeigen ein großes Interesse an diesen Systemen und Aspekten. Eine mögliche Ursache hierfür kann in der Tatsache zu finden sein, dass es für diese einfacher ist sich mit den differenzierten Gegebenheiten und Ansprüchen der Region zu befassen, da sie dies nicht für zahlreiche Destinationen bewerkstelligen müssen oder sehr spezialisierte Mitarbeiter haben. Doch für fast alle sind Gütesiegel bisher von geringer Bedeutung und so gut wie kein Kriterium für die Auswahl der Leistungsträger vor Ort. Bedeutend für das nächste Kapitel ist die Feststellung, dass nur wenige Reiseveranstalter bzw. nur die Großen das CST kennen.

6 Handlungsempfehlungen für das ICT für eine Optimierung der Einflussmacht des CST auf die touristische Entwicklung

Nachdem der letzte Abschnitt die Situation und Einflussmacht des CST im Bezug auf die touristische Entwicklung aufgezeigt hat, soll dieser Abschnitt nun Hinweise und Ratschläge zur Optimierung dieser Situation geben. In diesem Zusammenhang soll zuerst aufgezeigt werden, welche positiven Eigenschaften und Bedingungen das Zertifizierungsprogramm mitbringt.

Das Siegel erfreut sich von Seiten der nationalen Politik und bei Fachleuten großer Anerkennung und Beliebtheit, in ihm wird viel Potenzial für einen positiven Einfluss auf die touristische Entwicklung gesehen. Dies ist eine wichtige Voraussetzung für Fördermittel, die ein umfangreicheres Marketing ermöglichen. Außerdem stimmt das Ziel des Siegels mit den Zielen des touristischen Entwicklungsplans überein, wodurch eine einheitliche Strategie unterstützt und das Interesse der Politik gefördert wird. Costa Rica besitzt bereits das Image einer Destination für Nachhaltigkeit im Tourismus und weist viele Unternehmen auf, die an dieser Ausrichtung interessiert sind bzw. diese unterstützen. Das ICT kann sich also auf die Kooperationsbereitschaft der Leistungsträger vor Ort stützen.

Das Siegel wird ohne Kosten für die teilnehmenden Unternehmen vergeben und bietet so gleichberechtigte Chancen für die gesamte costaricanische Tourismusindustrie. Dies ist ein wesentlicher Aspekt, um von Seiten der Abnehmer als objektiv und ehrlich betrachtet werden zu können. Die geplante Entwicklung von spezifischen Kriterienkatalogen für die unterschiedlichen Leistungsträgertypen ermöglicht eine Zertifizierung der gesamten Einzelleistungen und damit des gesamten Produktes Urlaub, kann aber auch - wenn nötig - dazu genutzt werden Teilaspekte zu beurteilen. Dies erhöht die Akzeptanzbereitschaft der Kunden, da diese sich für die gesamte Reise nach ein und demselben Qualitätssystem richten können, wodurch sich die Gewichtigkeit des Siegels für den Kunden, da es nicht

nur eine kleine Teilleistung betrifft, steigert. Aber auch für die Reiseveranstalter ist es ein wesentlicher Vorteil, dass das Siegel unter anderem Zielgebietsagenturen auszeichnet, da diesen nur so eine Nutzung möglich wird. Ein weiterer positiver Ausgangspunkt ist, dass die meisten Costa Rica Reisenden nach Natur- und Aktivurlaub suchen und so offener für die Aspekte der Nachhaltigkeit sind, als z.B. der reine Strandurlauber. Da das Profil der Costa Rica Besucher der Urlaubertypologie entspricht, die in vielen Studien als die ansprechbarste für Aspekte der Nachhaltigkeit ermittelt wurde, besteht also eine allgemeine Ansprechbarkeit von der Nachfrageseite gegenüber den Aspekten, für die das Siegel eintritt. Außerdem sind viele Reiseveranstalter durch den allgemeinen Trend zu einem Verantwortungsbewusstsein gegenüber dem eigenen Lebensraum ansprechbar für eine Nachhaltigkeit im Tourismus. Die Best Practice Beispiele bzw. die Guidelines machen die gewünschte Umsetzung der Richtlinien und Kriterien leichter für die Unternehmen. Auch den Leistungsträgern, deren Ausrichtung bisher nicht in Richtung der Nachhaltigkeit geht, wird so gezeigt, wie gewünschte Änderungen konkret aussehen.
Eine wichtige Voraussetzung für eine internationale Anerkennung und Akzeptanz ist auch der Name des Siegels. Sowohl in der lokalen Sprache Spanisch, als auch in der international üblichen Sprache Englisch ist der Kurzname des Siegels CST. Dies erhöht den Wiedererkennungswert und ermöglicht ein Wiedererkennen auf internationaler und nationaler Basis. Für den nationalen Tourismus ist es mit Sicherheit sehr positiv, dass der Originalname Spanisch ist, um dieses als ein einheimisches Produkt anzuerkennen und zu nutzen. Doch auch für internationale Gäste ist durch die englische Übersetzung schnell ersichtlich, wofür die Auszeichnung steht. Diese Tatsache führt jedoch auch dazu, dass das Siegel schnell mit einem der zahlreichen Siegel, die einen ähnlichen Namen tragen, verwechselt werden kann. Eine etwas persönlichere Note wäre also wünschenswert, ohne jedoch dabei die zuvor genannten Vorteile zu verlieren.
Doch trotz dieser positiven Vorraussetzungen ist die reale Einflussmacht des Siegels noch sehr eingeschränkt. Einerseits sind bislang nur wenige Unternehmen Costa Ricas zertifiziert, andererseits sind die Bekanntheit

und damit die Akzeptanz bei den Abnehmern und Konsumenten sehr gering. Gründe hierfür sind sowohl die Vielzahl an existierenden Gütesiegel und die damit entstehende Unübersichtlichkeit für den Verbraucher und andererseits einige Schwächen, die das System selbst mit sich bringt und die es zu entschärfen gilt, um diese Situation zu verbessern. Nur wenn sowohl die Angebots- als auch die Nachfrageseite an Interesse gewinnen, kann die Einflussmacht erhöht werden. Der größte Anreiz für die Angebotsseite an dem Programm teilzunehmen ist natürlich eine entsprechende Nachfrage nach nachhaltigen Produkten und Leistungen. Nur wenn den Unternehmen die Auszeichnung Vorteile der Abgrenzung bietet, hat sie einen langfristigen Nutzen für den Leistungsträger.

Neben dem Marketingvorteil kann der Träger des Programms jedoch auch andere Anreize zur Teilnahme bieten. So kann das ICT z.B. zur generellen Sensibilisierung der Unternehmen gegenüber Aspekten der Nachhaltigkeit beitragen, indem es über eventuelle Folgen ihres Handels informiert und Lösungsvorschläge gibt. Diese Maßnahmen sollten weiterhin vom ICT gesteigert und intensiviert werden. Das ICT bieten den Unternehmen bereits je nach erreichter Stufe diverse direkte Vorteile an. So stellt es von Personalschulungen über einen gesonderten Zugang zu aktuellen Marktinformationen bis hin zu beratenden Tätigkeiten Programme und Services zur Verfügung, die den Unternehmen Vorteile auf dem Markt bieten. Diese Vorteile gilt es in Qualität und Inhalt zu professionalisieren und auszuweiten. Hierzu kann unter anderem Einfluss auf die politische Seite genommen werden und versucht werden Steuervorteile oder einen bevorzugten Zutritt in Schutzgebiete für die ausgezeichneten Unternehmen zu erwirken.

Aber auch von Seiten des ICT selbst können Maßnahmen wie z.B. die Förderung einer gesonderten Position in Reiseführern oder eine zielgerichtete und gesonderte Marketingstrategie und deren Umsetzung ausgebaut werden. Auf diesem Weg erhöht sich nicht nur die Marktpräsens jedes einzelnen teilnehmenden Unternehmens, sondern auch die der Auszeichnung an sich. So kann zum Beispiel ein gesonderter Webauftritt oder ein eigener Katalog entwickelt werden, der nur diese Unternehmen präsentiert. Dies fördert ebenfalls die Zusammenarbeit und Kooperation unter den teilnehmenden Unternehmen, wodurch im optimalen Fall Innovation gefördert wird und neue, auf das Siegel ausgerichtete Produkte entstehen können, die sich wiederum mit einer klaren Abgrenzung von den restlichen Produkten abheben können und so zu einem Marketingvorteil führen. Aber auch unabhängig von einer gemeinsamen Vermarktung sollte die Kooperation zwischen den teilnehmenden Unternehmen gefördert werden, um so eine stärkere Bindung und Zusammenarbeit zu fördern, die wiederum die Marktposition festigen kann. Für gesonderte Marketingvorteile, aber auch für eine höhere Akzeptanz des Siegels innerhalb der Branche sollte die Kooperation mit international agierenden Gütesiegelvereinigungen verstärkt werden. Diese, wie z.B. Green Globe und Rainforest Alliance vermarkten die einzelnen Siegel, aber vor allem die ausgezeichneten Betriebe auf dem internationalen Markt und bieten ihnen eine gesonderte Darstellungsplattform. Darüber hinaus muss das System weiterhin weiterentwickelt werden und, wie geplant langfristig ermöglichen, dass jeder Bestandteil und jede Teilleistung des touristischen Produktes ausgezeichnet werden kann, evtl. sogar auf eine Zertifizierung ganzer Zielgebiete innerhalb Costa Ricas ausgeweitet werden. Denn nur durch eine ganzheitliche Zertifizierung kann das Ziel des touristischen Entwicklungsplans einer realen Nachhaltigkeit im Tourismus erreicht werden.

All diese Bemühungen unterstützen auch die höhere Akzeptanz und Bedeutung auf dem Abnehmermarkt, da so ein einheitlicheres, umfassenderes und überzeugenderes Bild von dem Siegel und den ausgezeichneten Produkten entsteht. Grundvoraussetzung für eine Stärkung der Wirkungsmacht ist jedoch die Verlässlichkeit der Auszeichnung. So muss transparent kommuniziert werden, wofür sie steht und wie die Einhaltung der entsprechenden Kriterien kontrolliert wird. Nur wenn der Kunde sich über die Intention der Auszeichnung im Klaren ist, kann er das Siegel als Auswahlinstrument nutzen. Ein gut funktionierendes und umfangreiches Kontrollsystem ist dabei unerlässlich. Das CST hat dabei bereits erste Schritte in die richtige Richtung gemacht, indem die ausgezeichneten Unternehmen von einem kontrollierenden Komitee besucht werden. Diese Besuche sollten allerdings regelmäßig und ohne Ankündigung erfolgen sowie umfassender die entsprechenden Kriterien überprüfen. Dies sollte jedoch vorsichtig gesteigert werden und nur langsam intensiver werden, um nicht auf der einen Seite Unternehmen abzuschrecken und auf der anderen finanziell überhaupt tragbar zu sein.

Die Forderung nach transparenter Kommunikation bezieht sich auch auf das System der verschiedenen Stufen. Schon bei der Erfüllung von nur 25% der Kriterien erhält das Unternehmen das Siegel, wenn auch nur mit einem Blatt. Der Kunde sieht aber vorrangig nur das Siegel selbst und nicht die jeweilige Stufe bzw. weiß nicht, was sich hinter diese Stufe verbirgt. Der Kunde wird also leicht in die Irre geführt, wenn er in der Meinung einen verantwortungsbewussten Betrieb ausgewählt zu haben auf ein zertifiziertes Unternehmen der Stufe eins trifft, das nur ca. 25% der Kriterien erfüllt. Wird auf der anderen Seite zu deutlich kommuniziert, dass sich diese Unternehmen bisher nur auf dem Weg zu einem verantwortungsbewussten Unternehmen befinden, wird der Kunde verunsichert oder das Siegel verliert an Abgrenzungsvorteil. Wobei mit Sicherheit durchaus viele Kunden auch den Weg dorthin honorieren und unterstützen, dies sollte jedoch deutlich werden. Aus diesem Grund ist es ratsam schon beim Logo selbst diesen Unterschied deutlich zu machen, z.B. durch den Zusatz "Learner" (für Stufe Null bis 3) und "Advanced" (für Stufe 4 bis 5). Hierdurch soll jedoch nicht auf die Blätter verzichtet werden, sondern nur verdeutlicht werden, wofür sie konkret stehen. So würde dieser prinzipiell gute Ansatz mehr in den Mittelpunkt rücken und evtl. eine vorteilhafte Alleinstellung des Systems selbst bewirken.

Auch für den Abnehmermarkt ist die Kooperation und Unterstützung von den international ausgerichteten Gütesiegelvereinigungen ein besonders wichtiger Bereich. Denn ein international anwendbares Siegel ist bedeutend, damit der Verbraucher eine Übersichtlichkeit und ein Entscheidungsinstrument erhält, dem er vertraut. Der Ansatz dieser internationalen Vereinigungen ist erfolgversprechend, was sich durch eine starke, wenn auch bisher nur kontinentale, Expansion der bisher bestehenden

Vereinigungen ausdrückt. Durch die internationale Verbindung der einzelnen Systeme wird einerseits eine destinationsspezifische Anwendbarkeit und andererseits ein international einheitliches Erscheinungsbild bewirkt. Wesentlich ist hierbei auch die Chance der Erreichung einer Harmonisierung der Kriterien und Prüfungsverfahren, die bisher unter den verschiedenen Siegeln starke Differenzen aufweisen und so zu Unsicherheiten beim Konsumenten führen. Wichtig für den Erfolg dieser internationalen Ansätze ist jedoch ein national ausgerichtetes Marketing, das die Reisenden in einer sie ansprechenden Form informiert.

Doch auch unabhängig von den internationalen Vereinigungen sollte das ICT das CST selbständig internationaler und aggressiver vermarkten, um den Bekanntheitsgrad zu optimieren. In diesem Zusammenhang sollte es im Rahmen der finanziellen Mittel mit umfangreichen Informationskampagnen die Aufmerksamkeit des Zertifizierungsprogramms steigern. Auf diesem Weg kann sie einerseits bereits interessierten Reisetypen die gesuchte Information bieten und andererseits evtl. weitere Reisetypen gewinnen. Außerdem sollte es für die Verbraucher als Informationsplattform dienen und die Information fördern, weil Reisende Verbote und Beschränkungen nur dann einhalten, wenn sie sie verstehen. Als Grundlage für ein intensives internationales Marketing muss die englische Version der Internetseite des Siegels optimiert werden, um eine professionellere Wirkung zu bekommen. Bisher weißt die englische Seite viele Lücken und Fehler auf. So sind viele Dokumente bisher nicht übersetzt und die übersetzten beinhalten viele Fehler in der englischen Sprache. Die spanische Seite wirkt weitaus überzeugender. Dies gilt es zu optimieren, damit das Siegel auch international überzeugen kann.

Die Zielgruppe der Reisenden sollte gezielter Beachtung finden und umfassend informiert werden. Hierbei sollte berücksichtigt werden, dass die meisten Touristen jedes Jahr in ein anderes Zielgebiet fahren und der Aufwand sich für jede Reise mit einem neuen Siegel zu beschäftigen, fast nicht zu bewerkstelligen ist. Es sollten also Wege gefunden werden die Aussagen des Siegels leicht und schnell erfassbar über Wege zu kommunizieren, die der Reisende bei der Informationsbeschaffung zur Reise sowieso kreuzt. Gute Ansprechpartner hierfür sind die einzelnen Reiseveranstalter der Quellländer, da diese häufig eine Vorauswahl für ihre Kunden treffen und nur die Minderheit der ausländischen Besucher, vor allem die aus Europa, ohne die Unterstützung eines Veranstalters nach Costa Rica reisen. Durch die hohen Abnahmezahlen besteht ihnen gegenüber darüber hinaus eine hohe Abhängigkeit der Leistungsträger. Zudem ist die Ansprache der Reiseveranstalter kostengünstiger, da die Marketinginstrumente zielgerichtet eingesetzt werden können und Streuverluste durch die gezielte Ausrichtung vermieden werden. Auf der anderen Seite haben sie häufig den direkten Kontakt zu den Kunden und stellen so eine vielversprechende Vermarktungsplattform und Schnittstellen zwischen der touristischen Leistung und dem Abnehmer dar. Auch in anderen Wirtschaftsbereichen konnten hier schon positive Entwicklungen beobachtet werden. Ikea beispielsweise begann mit der Möbelproduktion aus zertifizierten Hölzern, dies erhöht den Druck auf die Produzenten und stimuliert die Nachfrage, durch die Präsenz des Siegels in den Warenhäusern. Eine solche Ausrichtung kann also einen hohen Multiplikatoreffekt erzeugen. Die Untersuchung zeigte, dass bei Reiseveranstaltern doch Unsicherheiten im Bezug auf die reale Arbeit ihrer Partner vor Ort bestehen, dadurch sind sie prinzipiell ansprechbar für solche Systeme. Vor allem die Ansprache der Costa Rica Spezialisten ist vielversprechend, da diese häufig aus ideellen Gründen ehrlicheren Wert auf Aspekte der Nachhaltigkeit legen und durch die Eingrenzung ihrer Zielgebiete dem Aufwand, sich mit dem Siegel auseinanderzusetzen, eher gewachsen sind. Viele Veranstalter haben erst kürzlich begonnen Costa Rica in ihr Programm aufzunehmen, oder werden dies in Kürze tun, da diese Destination auf eine hohe Nachfrage trifft. Auch deshalb ist der Augenblick für ein verstärktes Marketing bei den Reiseveranstaltern ideal. Die Ansprache der größeren, globaler arbeitenden Unternehmen sollte mehr von Seiten der internationalen Vereinigungen erfolgen, da diese den Unternehmen einen Maßstab für viele ihrer Zielgebiete anbieten können und durch ihre Größe und stärkerer Präsenz auch auf dem Abnehmermarkt evtl. bessere Marketingaspekte versprechen.

6 Handlungsempfehlungen für das ICT für eine Optimierung der Einflussmacht des CST auf die touristische Entwicklung

Das Marketing gegenüber den Reiseveranstaltern muss sensibel und deren Bedenken aufgreifend erfolgen, denn diese Gruppe ist nicht unbedingt als Verfechter des Systems der Gütesiegel anzusehen. Deshalb ist die Art der Ansprache sehr bedeutend für den Erfolg. Die Befragung zeigte, dass die Reiseveranstalter sehr auf persönliche Kontakte und langjährige Geschäftsbeziehungen bauen. So sollte die Ansprache sehr persönlich erfolgen und evtl. sogar über die jeweiligen bestehenden Partnerunternehmen des Zielgebietes erfolgen. In diesem Zusammenhang sind Vereinigungen wie die ARGE ebenfalls nicht zu unterschätzen, da sich einige Reiseveranstalter bei diesen über mögliche Partner informieren. Aber auch eine hohe Messepräsenz und ein direktes Informieren und Zugehen auf die sich dort befindenden Veranstalter könnte diese erfolgreich erreichen. Hierbei sollten intensiv die Inhalte kommuniziert werden, da die Veranstalter z.B. davon ausgehen, dass es keine Siegelsysteme gibt, die für Zielgebietsagenturen erhältlich sind und es so für ihre eigene Arbeit als nicht anwendbar einstufen, das CST ermöglicht dies aber sehr wohl. Dieses Alleinstellungsmerkmal des Siegels sollte unbedingt hervorgehoben werden.

Eine weitere Schwäche sehen die Reiseveranstalter bei Gütesiegeln für Nachhaltigkeit in der fehlenden Ausrichtung der Kriterien auf die Bedürfnisse des Endabnehmers. Nur wenige Systeme beinhalten Aspekte der Qualität des Produktes bezüglich eines persönlichen Mehrwertes für den Reisenden selbst. Doch nur ein solcher erzeugt ein wirkliches Interesse sowohl der Touristen als auch der Veranstalter. Diese Tatsache zeigte sich ebenfalls auf dem Lebensmittelmarkt, erst als Aspekte der Qualität gemeinsam mit den ökologischen und sozialen Aspekten kommuniziert wurden, wurden die Siegel dort erfolgreich. Die Aspekte, die sich direkt auf den persönlichen Nutzen und die Empfindung des Produktes auswirken, sind für die Reisenden von größerer Bedeutung bei der Reiseentscheidung, als die moralisch oder ideell orientierten. Deshalb sollte das CST sowohl seinen Aussagenkatalog für die Hotels, als auch den für die Tour Anbieter überarbeiten und zumindest Aspekte der Servicequalität und der materiellen Qualität mit aufnehmen. Eine Orientierung für weitere Zusatznutzen kann hierbei in Studien zu Erwartungen und Reisemotivationen von Touristen gefunden werden. Vor allem für Reiseveranstalter sollten zusätzlich die Verlässlichkeit und Professionalität der Arbeit überprüft werden. So hätte das Siegel gleich einen zweifachen Nutzen. Es würde die Entwicklung in Bezug auf Nachhaltigkeit und der hiervon unabhängigen Qualität, wie der des Services, fördern. Die Reisenden und Reiseveranstalter zeigen eine außergewöhnlich hohe Unzufriedenheit mit der Qualität der Unterkünfte Costa Ricas. Durch eine Implementierung von Qualitätsaspekten würde die Ansprechbarkeit von Seiten der Reiseveranstalter deutlich steigen, da sie sich davon ein geringeres Beschwerdeaufkommen versprechen könnten. Sowohl für eine höhere Akzeptanz bei den Reisenden, als auch bei den Reiseveranstaltern müssen die Kriterien mehr auf deren Bedürfnisse abgestimmt werden.

Ein weiteres Alleinstellungsmerkmal kann das Siegel erreichen, indem es umfangreicher soziale Aspekte in die Aussagenkataloge mit aufnimmt. Diese gehören genauso, wie die Umwelt und Wirtschaftlichkeit zu einer nachhaltigen Entwicklung, finden in dem Großteil der Siegel aber noch wenig Berücksichtigung. Für diese Aspekte sind die Reisenden darüber hinaus noch ansprechbarer als auf die schon seit vielen Jahren verwendeten ökologischen Argumente. Trotz der guten Vermarktungsplattform, die Reiseveranstalter bieten, sollte jedoch das direkte Marketing des CST auf dem Endverbrauchermarkt und eine Sensibilisierung der Reisenden auf Aspekte der Nachhaltigkeit nicht vernachlässigt werden. Denn nur solange die Endverbraucher nach diesen Kriterien fragen, stehen die Reiseveranstalter unter dem Druck diese auch zu erfüllen.

Für eine erfolgreiche Einflussnahme auf die touristische Entwicklung der Destination, müssen die in diesem Kapitel angesprochenen Punkte optimiert werden. Vor allem die Bekanntheit und Akzeptanz müssen aktiv gesteigert werden, denn nur wenn sich das bisherige Management des Gütesiegels weg von einer Produktorientierung hin zu einer Marktorientierung entwickelt, kann es den Kunden erreichen und so den Einfluss auf die lokalen Leistungsträger erhöhen.

7 Fazit und Ausblick

Durch die leitende und koordinierende Rolle, in der sich eine zentrale touristische Organisation befindet, fällt ihr die Aufgabe der Positionierung und der Sicherung der Wettbewerbsfähigkeit des Zielgebietes zu. Um dies zu gewährleisten, muss die jeweilige zentrale touristische Organisation Einfluss auf die Entwicklung in der Region nehmen. Dies kann sie, indem sie politische Rahmenbedingungen beeinflusst, aber auch, indem sie selbst Anreizsysteme, wie Gütesiegel, schafft. Das zentrale Ziel von Gütesiegeln ist es zwar, den Reisenden eine Auswahlhilfe bezüglich der Produkte zu bieten, stellt damit aber auch ein mögliches Alleinstellungsmerkmal für die ausgezeichneten Unternehmen dar. Wird dieser Anreiz noch mit weiteren Zusatznutzen, wie Schulungen oder einem gesonderten Marketing, für die Leistungsträger angereichert, bringt eine Teilnahme zahlreiche Vorteile für die Leistungsträger mit sich.

Doch ist dieses System bislang nicht vollständig ausgereift. In der Praxis bestehen zahlreiche verschiedene Ansätze der Umsetzung und eine Vielzahl an verschiedenen Zertifizierungskriterien. Die, durch diese Unübersichtlichkeit entstandene, Skepsis der Endabnehmer führt teilweise zu einer Ignoranz gegenüber dieser Auswahlhilfe. Ohne eine entsprechende Nachfrage fehlt für die Leistungsträger der wesentliche Anreiz des Marketingvorteils. In diesem Zusammenhang sollten global Vereinheitlichungs- und Wettbewerbsprozesse initiiert werden, bei denen sich wenige Gütesiegel durchsetzen, die sich durch klar erkennbare Kriterien auszeichnen, diese aktiv kommunizieren und verlässlich kontrollieren. Diese Kriterien müssen eine Kundenorientierung aufweisen und den Konsumenten einen persönlichen Zusatznutzen, über ein verantwortungsbewusstes Reisen hinaus, bieten. Vor Schwierigkeiten steht die Entwicklung eines globalen Systems dadurch, dass es durch die Diversität der Zielgebiete nicht möglich, ist für jedes die selben Kriterien anzuwenden. Aus diesem Grund sind Netzwerke, die regionale Gütesiegel vereinigen eine vielversprechende Lösung.

Vor diesem Hintergrund ergeben sich die wesentlichen Handlungsnotwendigkeiten für das ICT, um den Erfolg seines Gütesiegels zu ermöglichen. Die Zusammenarbeit mit internationalen Vereinigungen muss aktiv gefördert werden. Die Kriterienkataloge müssen neben Aspekten der Nachhaltigkeit weitere, hiervon unabhängige, Aspekte der Qualität, wie z.B. die des Services aufnehmen. Wesentlich ist auch ein aktiveres Marketing des Zertifikates, um seine Bekanntheit zu erhöhen. Hierbei sind Reiseveranstalter gute Ansprechpartner, da diese einerseits selbst Produkte im Land einkaufen und eine Vorauswahl für viele Kunden treffen und andererseits durch ihren Kundenkontakt eine geeignete Vermarktungsplattform darstellen.

So lässt sich zusammenfassend sagen, dass das CST und ähnliche Siegel zur Einflussnahme auf die touristische Entwicklung durchaus vielversprechend sind, jedoch noch zahlreiche globale und regionale Optimierungen notwendig sind, um wirklich erfolgreich zu agieren.

8 Literaturverzeichnis

Aderhold, P. u.a. (2006): Tourismus in Entwicklungsländern - Eine Untersuchung über Dimensionen, Strukturen, Wirkungen und Qualifizierungsansätze im Entwicklungsländer-Tourismus - unter besonderer Berücksichtigung des deutschen Urlaubsreisemarktes, Schriftreihe für Tourismus und Entwicklung des Studienkreis für Tourismus und Entwicklung e.V.(Hrsg.), Ammerland.

Althof, W. (2000): Incoming-Tourismus, München / Wien.

Arbeitsgemeinschaft Lateinamerika e.V. (Hrsg.) (2008a): Somos Latinoamerica - Wir sind Lateinamerika, Pressemappe für die ITB März 2008.

Arbeitsgemeinschaft Lateinamerika e.V. (Hrsg.) (2008b): Pressebericht - Ökologie und soziale Nachhaltigkeit - Anspruch und Realität im Tourismus nach Lateinamerika, in: Arbeitsgemeinschaft Lateinamerika e.V. (Hrsg.): Somos Latinoamerica - Wir sind Lateinamerika, Pressemappe für die ITB März 2008.

Baumgartner, C. / Röhrer, C. (1998): Nachhaltigkeit im Tourismus - Umsetzungsperspektiven auf regionaler Ebene, Wien.

Bieger, T. (2000):Management von Destinationen und Tourismusorganisationen, 4. Aufl., München / Wien.

Bieger, T. (2005): Management von Destinationen, 6. Aufl., München.

CST (Hrsg.) (o.J.): En que consiste el CST, Rev. 01/08, www.turismo-sostenible.co.cr/ES/sobreCST/about-cst.shtml, 15. Juni 2008.

CST (Hrsg.) (o.J.a): Cuando y porque surge, Rev. 01/08, www.turismo-sostenible.co.cr/ES/sobreCST/when-why.shtml, 15. Juni 2008.

CST (Hrsg.) (o.J.b): Que implicaciones tiene el CST, Rev. 01/08, www.turismo-sostenible.co.cr/ES/sobreCST/implications.shtml, 15. Juni 2008.

CST (Hrsg.) (o.J.c): Un programa de todos, Rev. 01/08, www.turismo-sostenible.co.cr/ES/sobreCST/program.shtml, 15. Juni 2008.

CST (Hrsg.) (o.J.d): Horario de Terminos para CST, Rev. 01/08, www.turismo-sostenible.co.cr/ES/sobreCST/glossary.shtml, 15. Juni 2008.

CST (Hrsg.) (o.J.e): Opiniones, Rev. 01/08, www.turismo-sostenible.co.cr/ES/sobreCST/opinions.shtml, 15. Juni 2008.

CST (Hrsg.) (o.J.f): Manual de Evaluacion, Rev. 01/08, www.turismo-sostenible.co.cr/ES/sobreCST/manual/intro.shtml, 15. Juni 2008.

CST (Hrsg.) (o.J.g): Cuestionario de Evaluacion Hoteles, Rev. 01/08, www.turismo-sostenible.co.cr/ES/sobreCST/manual/CuestionarioDeEvaluacion.pdf, 13. März 2008.

CST (Hrsg.) (o.J.h): Cuestionario de Evaluacion de Agencias, Rev. 01/08, www.turismo-sostenible.co.cr/ES/sobreCST/manual/preguntas_lista.phtml, 15. Juni 2008.

CST (Hrsg.) (o.J.i): La guia de aplicacion, Rev. 01/08, www.turismo-sostenible.co.cr/ES/sobreCST/guia/intro.shtml, 15. Juni 2008.

CST (Hrsg.) (o.J.j): Como participar, Rev. 01/08, www.turismo-sostenible.co.cr/ES/participar/hoteles/como-participar.shtml, 15. Juni 2008.

CST (Hrsg.) (o.J.k): Como participar, Rev. 01/08, www.turismo-sostenible.co.cr/ES/participar/agencias/como-participar.shtml, 15. Juni 2000.

CST (Hrsg.) (o.J.l): Hoteles Aprobados por Tamano, Rev. 01/08, www.turismo-sostenible.co.cr/ES/directorio/estadisticas/hotel_eval_tam.shtml, 15. Juni 2008.

CST (Hrsg.) (o.J.m): Promedio de Niveles, Rev. 01/08, www.turismo-sostenible.co.cr/ES/directorio/estadisticas/hotel_prom_hojas.shtml, 15. Juni 2008.

CST (Hrsg.) (o.J.n): Promedio de Niveles, Rev. 01/08, www.turismo-sostenible.co.cr/ES/directorio_agencias/estadisticas/agencia_prom_hojas.shtml, 15. Juni 2008.

Deutsche Gesellschaft für Umwelterziehung (Hrsg.) (2008): Blaue Flagge, www.blaue-flagge.de, 15. Mai 2008.

Deutsche Gesellschaft für Umwelterziehung (Hrsg.) (2008a): Badestellen - International für die Umwelt, www.blaue-flagge.de/Badestellen/badestellen.html, 15. Mai 2008.

Dichtel, E. / Issing, O. (Hrsg.) (1993): Vahlens großes Wirtschaftslexikon, München

Eco-World (Hrsg.) (2001): Vom Gütesiegel "Grüner Koffer" zur Umweltdachmarke "Viabono", www.eco-world.de/scripts/basics/econews/basics.prg?a_no=3699, 15. Mai 2008.

Egger, R. / Herdin, T.(Hrsg.) (2007): Tourismus:Herausforderung:Zukunft, Wien.

France, L. (2002): The earthscan reader in sustainable tourism, London.

Freyer, W. / Dreyer, A. (2004): Qualitätszeichen im Tourismus – Begriffe und Typen, in: Weiermair, K./Pikkemaat, B.(Hrsg.): Qualitätszeichen im Tourismus - Vermarktung und Wahrnehmung von Leistungen, Schriften zu Tourismus und Freizeit, Berlin, S. 64 – 95.

8 Literaturverzeichnis

Freyer, W. (2002): Globalisierung und Tourismus, 2. Aufl., Dresden.

Font, X. / Buckley, R.C. (2001): Tourism ecolabelling:certification and promotion of sustainable management, Oxon / New York.

Haedrich, G. (1998): Leitbild und Positionierung, in: Haedrich, G. u.a. (Hrsg.):Tourismus-Management – Tourismus-Marketing und Fremdenverkehrsplanung, 3. Aufl., Berlin / New York, S. 279 – 288.

Haedrich, G. u.a. (Hrsg.) (1998): Tourismus-Management – Tourismus-Marketing und Fremdenverkehrsplanung, 3. Aufl., Berlin / New York.

Heine, G. (1998): Reiseveranstalter – Funktion im Tourismusmarkt, in: Haedrich, G. u.a. (Hrsg.):Tourismus-Management – Tourismus-Marketing und Fremdenverkehrsplanung, 3. Aufl., Berlin / New York, S. 615 – 628.

Holzapfel, T. (2007): Grüne Denke, grauer Alltag, in: FVW Nr. 5/07 vom 01.03.2007, S. 62 - 66

Hopfenbeck, W. / Zimmer, P. (1993): Umweltorientiertes Management: Strategien, Checklisten, Fallstudien, Landsberg / Lech.

ICT (Hrsg.) (2002): Plan General de Desarollo Turístico Sostenible 2002-2012, http://www.visitcostarica.com/ict/paginas/modEst/estudios_estadisticas.asp?idIdioma=1, 28. März 2008.

ICT (Hrsg.) (2008): Instituto Costarricense de Turismo – Organigrama Institucional, http://www.visitcostarica.com/ict/paginas/leyes/pdf/Organigrama%20Mayo-2008.pdf, 14. Juni 2008.

ICT (Hrsg.) (o.J.): News, www.visitcostarica.com/ict/paginas/home.asp?IdIdioma=2, 18. Juni 2008.

ICT (Hrsg.) (o.J.a): Directorio turistico Hoteles, www.visitcostarica.com/ict/paginas/buscador/FCRBuscaProdDeta .asp?idProd=1, 18. Juni 2008.

ICT (Hrsg.) (o.J.b): Directorio turistico operadores, www.visitcostarica.com/ict/paginas/buscador/FCRBuscaProdDeta .asp?idProd=3, 18. Juni 2008.

ICT (Hrsg.) (o.J.c): Marco General, http://www.visitcostarica.com/ict/paginas/TourismBoard.asp, 18. Juni 2008.

ICT (Hrsg.) (o.J.d): Whalt is CST?, www.visitcostarica.com/ict/paginas/cst/quees.asp. 18. Juni 2008.

ICT (Hrsg.) (o.J.e): Levels, www.visitcostarica.com/ict/paginas/cst/niveles.asp, 18. Juni 2008.

ICT (Hrsg.) (o.J.f): Evaluation Guidelines, www.visitcostarica.com/ict/paginas/cst/guia.asp, 18. Juni 2008.

ICT (Hrsg.) (o.J.g): How to participate, www.visitcostarica.com/ict/paginas/cst/participar.asp, 18. Juni 2008.

ICT (Hrsg.) (o.J. h): Anuario de Turismo 2006, www.visitcostarica.com/ict/backoffice/treeDoc/files/Anuario%20 de%20Turismo%202006%20(VERSION%20FINAL).pdf, 18. Juni, 2008.

Invent (Hrsg.) (2005): Traumziel Nachhaltigkeit – Innovative Vermarktungskonzepte nachhaltiger Tourismusangebote für den Massenmarkt, www.invent-tourismus.de/pdf/INVENT_Broschuere_051104.pdf, 27. März 2008.

Kahlenborn, W. (2001): The Future of International Ecolabelling, in: Font, X. / Buckley, R.C.: Tourism ecolabelling:certification and promotion of sustainable management, Oxon / New York, S. 247-258.

Kahlenborn, W. / Kraack, M. / Carius, A. (1999): Tourismus- und Umweltpolitik – ein politisches Spannungsfeld, Berlin usw.

Kaspar, C. (1996): Die Tourismuslehre im Grundriss, 5.Aufl., Bern / Stuttgart / Wien.

Kirstges, T. (2003): Sanfter Tourismus: Chancen und Probleme der Realisierung eines ökologieorientierten und sozialverträglichen Tourismus durch deutsche Reiseveranstalter, 3. Aufl., München / Wien / Oldenbourg.

Kirstges, T. / Lück, M. (2001): Umweltverträglicher Tourismus: Fallstudien zur Entwicklung und Umsetzung Sanfter Tourismuskonzepte, Meßkirch.

Kösterke, A. / Laßberg, D. von (2005): Urlaubsreisen und Umwelt – Eine Untersuchung über die Ansprechbarkeit der Bundesbürger auf Natur- und Umweltaspekte in Zusammenhang mit Urlaubsreisen, Schriftreihe für Tourismus und Entwicklung des Studienkreis für Tourismus und Entwicklung e.V.(Hrsg.), Ammerland.

Lindner, K. (2008): Costa Rica – Das ideale Reiseziel für Entdecker, in: Costa Rica ist die Natur zum Greifen nah, in: FVW Nr. 1/08 vom 04.01.2008, S. 43 – 45.

Lübbert, C. (2001): Tourism Ecolabels Market Research in Germany, in: Font, X. / Buckley, R.C.: Tourism ecolabelling:certification and promotion of sustainable management, Oxon / New York, S. 71-85.

Lund-Durlacher, D. (2007): Instrumentarien zur Förderung einer nachhaltigen Tourismusentwicklung: Zertifizierungssysteme und Gütesiegel – Entwicklungstrends und Zukunftsperspektiven, in: Egger, R. / Herdin, T.(Hrsg.): Tourismus:Herausforderung:Zukunft, Wien, S. 143-160.

Luger, K. (2007): Schwitzender Planet – Kalte Betten. Tourismus im Zeitalter moralisierender Märkte und des Klimawandels, in: Egger, R. / Herdin, T.(Hrsg.): Tourismus:Herausforderung:Zukunft, Wien, S. 127-141.

Meffert, H. (2000): Marketing: Grundlagen marktorientierter Unternehmensführung, 9.Aufl., Wiesbaden.

Mihalic, T. (2001): Environmental Behaviour Implications, in: Font, X. / Buckley, R.C.: Tourism ecolabelling:certification and promotion of sustainable management, Oxon / New York, S. 57-70.

Müller, H. (2002): The Thorny Path to Sustainable Tourism Development, in: France, L.: The earthscan reader in sustainable tourism, London, S. 29 – 35.

Mundt, J.W. (2006): Tourismus, 3. Aufl., München usw.

Münster, M. / Krane, M. (2008): Schönheitsfehler – Wie robust ist der Boom auf der Fernstrecke?, in: FVW Nr. 2/08 vom 18.01.2008, S. 16 – 21.

Nusser, B. (2007): Nachhaltiger Tourismus – Bewusst Konsumierende als vielversprechende Zielgruppe, Saarbrücken.

o.V. (2007): Costa Rica – Grüner Garten, in: Touristik Report Nr. 23 /07 vom 15.11.2007, S. 60 – 61.

o.V. (2007a): Auf dem Ökotrip, in: FVW Nr. 8/07 vom 30.03.2007, S. 25.

Pechlaner, H. / Fischer, E. / Hammann, E. M. (Hrsg.) (2006): Standortwettbewerb und Tourismus - Regionale Erfolgsstrategien, Berlin.

Rainforest Alliance (Hrsg.) (o.J.): Rainforest Alliance, Messeinfoblatt, S. 2.

Rainforest Alliance (Hrsg.) (o.J.a): Sustainable Tourism, www.rainforest-alliance.org/tourism.cfm?id=terms, 29. Juni 2008.

Räth, B. (1991): Gütesiegel "Grüner Koffer" - sozialverantwortlicher und umweltverträglicher Tourismus, in: Fremdenverkehrstag Mecklenburg-Vorpommern, Nr. 1, Berichtsband 1. Fremdenverkehrstag Mecklenburg-Vorpommern, Rostock, S. 34

Sharpley, R. (2001): The Consumer Behaviour Context of Ecolabelling, in: Font, X. / Buckley, R.C.: Tourism ecolabelling:certification and promotion of sustainable management, Oxon / New York, S. 41-55.

Splitter, R. / Haak, U. (2001): Quality Analysis of Tourism Ecolabels, in: Font, X. / Buckley, R.C.: Tourism ecolabelling:certification and promotion of sustainable management, Oxon / New York, S. 213 - 245.

Starbatty, J. (Hrsg.) (1985): Die Reise nach Südamerika: vom Orinoko zum Amazonas / Alexander von Humboldt, Bornheim-Merten.

SuPen (Hrsg.) (o.J.): Ley 1917 - La asamblea legislativa de la republica de Costa Rica - Ley orgánica del Instituto Costarrincense de Turismo, www.supen.fi.cr/aplicaciones/Normativa_Nueva.nsf/0/A521808DD5305DB006256CF700752D94/$file/Ley+1917.pdf, 12.Juni 2008.

Viabono (Hrsg.) (o.J.): Der Viabono Trägerverein e.V. - Gemeinsam auf einem erfolgreichen Weg zum nachhaltigen Tourismus, www.viabono.de/traegerverein/ueberuns.php, 15.März 2008.

Viegas, A. (1998): Ökomanagement im Tourismus, München / Wien.

Visit (Hrsg.) (o.J.): Mission Statement, www.visit21.net/, 15.März 2008.

Weiermair, K./Pikkemaat, B.(Hrsg.) (2004): Qualitätszeichen im Tourismus - Vermarktung und Wahrnehmung von Leistungen, Schriften zu Tourismus und Freizeit, Bd. 3, Berlin.

Winkelmann, T. (1998): Positionierung, Aufgaben und Organisation von Incomingagenturen, in: Haedrich, G. u.a. (Hrsg.):Tourismus-Management – Tourismus-Marketing und Fremdenverkehrsplanung, 3. Aufl., Berlin / New York, S. 629 - 648.

Anhangsverzeichnis

Anhang 1

Expertenaussagen

Colibri UmweltReisen, Produktmanager Costa Rica, Dallgow-Döberitz, telefonisches Gespräch

Lies, Ingo. Geschäftsführer Chamäleon Reisen, Berlin, schriftliche Korrespondenz

Nösse, Ingo. Geschäftsführer Papaya Tours, Köln, persönliches Gespräch

Rosenbaum, Ulrich. Area Manager Studiosus Reisen, München, schriftliche Korrespondenz

Roß, Birthe. Produktmanager Costa Rica & Südamerika TUI, Hannover, schriftliche Korrespondenz

Sorke, Matthias. Produktmanager Lateinamerika Gebeco, Kiel, schriftliche Korrespondenz

Persönliche Kontakte

Monge, Rosaura. Mitarbeiterin des ICT in der Abteilung des CST, schriftliche Korrespondenz

Solano, Frederico. Koordinator für spezielle Events und Marketing der Rainforest Alliance, persönliches Gespräch und schriftliche Korrespondenz

Anhang 2

Aussagenkatalog des ICT ***zur Vergabe des CST an Hotels*** kann unter dem folgenden Link abgerufen werden (auf Englisch und Spanisch verfügbar):

http://www.turismo-sostenible.co.cr/EN/form_alerta.shtml?/EN/sobreCST/manual/preguntas_lista.phtml

Aussagenkatalog ***zur Vergabe des CST an Tour Anbieter*** kann unter dem folgenden Link abgerufen werden (auf Spanisch verfügbar):

http://www.turismo-sostenible.co.cr/ES/form_alerta.shtml?/ES/sobreCST/manual/CuestionarioDeEvaluacion.pdf

Anhang 3

Musterfragebogen für die Expertengespräche

Internationaler Studiengang Tourismusmanagement, 8. Semester

Befragung von Reiseveranstaltern im Rahmen der Bachelorarbeit zum Thema

Gütesiegel bei der Auswahl von Leistungsträgern in der jeweiligen Destination

von Birte Heidbreder

Sehr geehrter Frau/Herr...,

im Rahmen meiner Bachelorarbeit möchte ich herausfinden, inwieweit sich deutsche Reiseveranstalter bei der Auswahl Ihrer Partner in der jeweils bereisten Region (speziell Costa Rica) an Zertifizierungen und Gütesiegeln, die Nachhaltigkeit im Tourismus auszeichnen, orientieren. Denn Reiseveranstalter sind als Abnehmer eines großen Anteils der touristischen Leistungen einer Destination von hoher Bedeutung für die Angebotsgestaltung der Unternehmen im Zielgebiet. Soll ein Gütesiegel erfolgreich sein ist es also wichtig, dass es eine Akzeptanz von Seiten dieser wichtigen Zielgruppe erfährt.

Bei der Arbeit wird von folgenden begrifflichen Sichtweisen ausgegangen:

Nachhaltigkeit im Tourismus:
Nachhaltigkeit im Tourismus, sowie in anderen Wirtschaftszweigen, umfasst drei miteinander verknüpfte Aspekte: ökologisch tragbar, wirtschaftlich, sozial und kulturell gerecht. Nachhaltigkeit verlangt Beständigkeit und Langfristigkeit. Um dies zu erreichen müssen Ressourcen optimal genutzt werden und negative soziale und kulturelle Auswirkungen so gering wie möglich gehalten werden. Der Gewinn für die lokale Bevölkerung und die Erhaltung der Gegebenheiten soll möglichst weit gesteigert werden.

Gütesiegel/Zertifikate/Qualitätszeichen:
Gütesiegel im Tourismus versprechen ein bestimmtes Niveau bzw. eine bestimmte Güte einer touristischen Leistung. Dem Kunden bzw. Touristen soll hierdurch die Erfüllung bestimmter Kriterien signalisiert werden, die er selbst vor Kauf und Nutzung des Produktes nicht ermessen kann, teilweise nicht einmal dann. In der Regel werden

Internationaler Studiengang Tourismusmanagement, 8. Semester

Befragung von Reiseveranstaltern im Rahmen der Bachelorarbeit zum Thema

Gütesiegel bei der Auswahl von Leistungsträgern in der jeweiligen Destination

von Birte Heidbreder

Siegel von externen Organisationen vergeben, die möglichst objektiv bewerten. Meist werden touristische Betriebe ausgezeichnet.

Ich würde mich daher freuen, wenn Sie mir folgende Fragen soweit möglich beantworten könnten:

1. **Wie und inwieweit informieren Sie sich über Unternehmen im Zielgebiet, um neue Produkte zu entwickeln?**

2. **Sind Qualitätsgütesiegel für Sie ein bedeutendes Kriterium für die Auswahl Ihrer Partner vor Ort?**

   Ja/Nein
   (Zutreffendes stehen lassen, nicht zutreffendes löschen!)

   Wenn nein, warum nicht?

3. **Ist Ihnen wichtig, dass Ihre Partner auf Nachhaltigkeit im Tourismus achten?**

   Ja/Nein
   (Zutreffendes stehen lassen, nicht zutreffendes löschen!)

4. **Sind Gütesiegel für Nachhaltigkeit im Tourismus ein Kriterium für die Auswahl Ihrer Partner vor Ort?**

   Ja/Nein
   (Zutreffendes stehen lassen, nicht zutreffendes löschen!)

   Wenn nein, warum nicht?

Internationaler Studiengang Tourismusmanagement, 8. Semester

Befragung von Reiseveranstaltern im Rahmen der Bachelorarbeit zum Thema

Gütesiegel bei der Auswahl von Leistungsträgern in der jeweiligen Destination

von Birte Heidbreder

5. **Nach welchen Kriterien haben Sie Ihre Partner in Costa Rica ausgewählt?**
   (Zutreffendes stehen lassen, nicht zutreffendes löschen!)

1. Kontakte auf Messen
2. Persönliche Beziehungen
3. Empfehlung
4. Leitbild des Unternehmen
   (verfolgen einer gleichen Vision)
5. Zertifiziert für Qualität
6. Zertifiziert für Nachhaltigkeit im Tourismus
7. Ruf des Leistungsträgers im Bezug auf:
   a) Professionalität
   b) Qualität
   c) Nachhaltigkeit im Tourismus
   d) gute Kundenbetreuung
   (Durchführung)
8. Sonstiges:

6. **Kennen Sie das Costa Ricanische Gütesiegel CST *(Certificate for sustainable Tourism)* des ICT *(Instituto Costarricense de Turismo)*?**

   Ja/Nein
   (Zutreffendes stehen lassen, nicht zutreffendes löschen!)

   Wenn ja, haben Sie das CST bei der Planung Ihrer Costa Rica Reise berücksichtigt und warum?

7. **Wie viele Reisende sind mit Ihnen im Jahr 2007 nach Costa Rica gereist?**

8. **Um Sie als Auskunftsgebenden in meiner Bachelorarbeit zu erwähnen würde ich mich freuen, wenn Sie mir Ihren Namen und Ihre Position im Unternehmen mitteilen würden:**

Vielen Dank für Ihre Unterstützung
Birte Heidbreder

Danksagung

An dieser Stelle möchte ich die Gelegenheit nutzen, mich bei meiner Familie und meinen Freunden für ihre Unterstützung und ihre Rücksicht zu bedanken. Einen besonderen Dank möchte ich meinen Prüfern und Betreuern Manfred Lucas und Prof. Dr. Felix Bernhard Herle für ihre Hilfestellungen bei der Entstehung der Arbeit und ihre nachdrückliche Ermunterung zur Veröffentlichung aussprechen. Ebenso danken möchte ich meinen Eltern und Helga Plinke für ihre kritischen Anmerkungen. Zu guter letzt noch einen lieben Gruß und herzlichen Dank an meine „Mitstreiter" aus der Hochschulbibliothek in Bremen. Vielen Dank an Tina Hoth und Lena Lembach für die emotionale Unterstützung.

Abonnement

Hiermit abonniere ich die *Schriftenreihe der School of International Business*

❐ *Europäischer Studiengang für Wirtschaft und Verwaltung (ESWV)* **(ISSN 1863-9798),** herausgegeben von Hans-Jürgen Busse,

❐ *Internationaler Studiengang für Tourismusmanagement (ISTM)* **(ISSN 1863-9798),** herausgegeben von Felix Bernhard Herle,

❐ ab Band # 1

❐ ab Band # ___

❐ Außerdem bestelle ich folgende der bereits erschienenen Bände:
#___, ___, ___, ___, ___, ___, ___, ___, ___, ___, ___, ___

❐ ab der nächsten Neuerscheinung

❐ Außerdem bestelle ich folgende der bereits erschienenen Bände:
#___, ___, ___, ___, ___, ___, ___, ___, ___, ___, ___, ___

❐ 1 Ausgabe pro Band ODER ❐ ___ Ausgaben pro Band

Bitte senden Sie meine Bücher zur versandkostenfreien Lieferung innerhalb Deutschlands an folgende Anschrift:

Vorname, Name: ______________________________

Straße, Hausnr.: ______________________________

PLZ, Ort: ______________________________

Tel. (für Rückfragen): ______________ *Datum, Unterschrift:* ______________

Zahlungsart

❐ *ich möchte per Rechnung zahlen*

❐ *ich möchte per Lastschrift zahlen*

bei Zahlung per Lastschrift bitte ausfüllen:

Kontoinhaber: ______________________________

Kreditinstitut: ______________________________

Kontonummer: ______________ Bankleitzahl: ______________

Hiermit ermächtige ich jederzeit widerruflich den *ibidem*-Verlag, die fälligen Zahlungen für mein Abonnement von meinem oben genannten Konto per Lastschrift abzubuchen.

Datum, Unterschrift: ______________________________

Abonnementformular entweder **per Fax** senden an: **0511 / 262 2201** oder 0711 / 800 1889 oder als **Brief** an: *ibidem*-Verlag, Julius-Leber Weg 11, 30457 Hannover oder als **e-mail** an: **ibidem@ibidem-verlag.de**

ibidem-Verlag

Melchiorstr. 15

D-70439 Stuttgart

info@ibidem-verlag.de

www.ibidem-verlag.de
www.ibidem.eu
www.edition-noema.de
www.autorenbetreuung.de

Zeitfracht Medien GmbH
Ferdinand-Jühlke-Straße 7
99095 Erfurt, Deutschland
produktsicherheit@kolibri360.de